"十三五"国家重点出版物出版规划项目

"一带一路"核心区语言战略研究丛书(第一辑)

邢欣 总主编

汉语国际传播中的
动词互动等级关系研究

赵毅玲 著

南开大學出版社

天 津

图书在版编目(CIP)数据

汉语国际传播中的动词互动等级关系研究 / 赵毅玲
著.—天津:南开大学出版社,2020.12
("一带一路"核心区语言战略研究丛书.第一辑)
ISBN 978-7-310-05938-6

Ⅰ.①汉… Ⅱ.①赵… Ⅲ.①现代汉语—动词—研究
Ⅳ.①H146.2

中国版本图书馆 CIP 数据核字(2020)第 129299 号

汉语国际传播中的动词互动等级关系研究
HANYU GUOJI CHUANBO ZHONG DE
DONGCI HUDONG DENGJI GUANXI YANJIU

南开大学出版社出版发行
出版人:陈　敬
地址:天津市南开区卫津路94号　邮政编码:300071
营销部电话:(022)23508339　营销部传真:(022)23508542
http://www.nkup.com.cn

三河市同力彩印有限公司印刷　全国各地新华书店经销
2020 年 12 月第 1 版　2020 年 12 月第 1 次印刷
235×165 毫米　16 开本　14 印张　4 插页　212 千字
定价:78.00 元

如遇图书印装质量问题,请与本社营销部联系调换,电话:(022)23508339

"十三五"国家重点出版物出版规划项目"'一带一路'核心区语言战略研究丛书"结项成果

2017 年度国家出版基金项目"'一带一路'核心区语言战略研究丛书（第一辑）"结项成果

国家语委重大项目"'一带一路'核心区语言战略研究（编号ZDA125-24）"结项成果

中国传媒大学"双一流"建设重大项目"新媒体中的'一带一路'对外语言传播策略及语言服务研究"（编号 CUC18CX07）结项成果

2012 年新疆大学社会科学基金项目（博士科研启动基金），项目名称：现代汉语动词等级关系研究

2019 年新疆大学外国语学院教改课题，项目名称："课程思政"视角下新疆高校思想政治教育与外语教学相结合的探索与实践

深入语言生活　回答时代提问（代序）

2013 年 9 月与 10 月，习近平主席在出访哈萨克斯坦和印度尼西亚时，提出了"一带一路"倡议，这是中国向世界提出的一个新概念，也是一个涉及国内外的新行动。2015 年 3 月，《推动共建丝绸之路经济带和 21 世纪海上丝绸之路的愿景与行动》发布，"一带一路"的概念逐渐清晰，行动逐渐有序。2017 年 5 月，"一带一路"国际合作高峰论坛在北京举行，"一带一路"建设进入全面推进阶段，并产生了重要的国际影响和国际互动。

"一带一路"倡议首先是经济愿景，但经济愿景也必须与政治、文化、科技等联动并发。"一带一路"倡议不是中国的独角戏，而是互动的，共赢的。在"一带一路"建设推进的过程中，中国将构建全方位开放的新格局，深度融入世界经济体系；同时，它也强调国家间发展规划的相互对接，区域合作、国际合作将得到前所未有的加强，从而惠及他国，造福人类。

"一带一路"需要语言铺路，这已经成为四年多来关于"一带一路"建设的共识。但是，"一带一路"建设中究竟存在哪些语言问题，语言将怎样发挥"铺路"的功能，还是一个具有时代意义的课题，也是一个时代性的提问。邢欣教授主编的"'一带一路'核心区语言战略研究丛书"，正是立时代潮头，得风气之先，在研究这一时代性的课题，在尝试回答这一时代性的提问。

这套丛书有许多特点，最大的特点是其系统性和应用性。所谓系统性，是丛书较为全面地研究了"一带一路"的语言问题，涉及国家语言安全战略、对外语言传播策略、领域语言人才培养模式、媒体传播话语体系建设、语言文化冲突消解策略等话题。可以说，这套丛书已经建构起了语言战略研究的系统的学术网络。所谓应用性，是指丛书从现实入手，收集材料，透彻观察，深入分析，探索最佳发展模式，提出具体解决措施，以求应用于相关政策的制定和相关工作的实施。

能够在如此短暂的时间内，深入实际，发现问题，提出举措，并形成一整套丛书，是与这一研究团队的组成密切相关的。丛书主编邢欣教授，长期在新疆生活和工作，对新疆充满感情，对新疆的语言文字事业充满激情。后来，不管是求学于复旦大学，还是任教于南开大学、中国传媒大学，她都时时不忘新疆，承担了多个有关新疆的语言研究课题。特别是"一带一路"倡议的提出，更是激发了她的研究热情，促使她多次到新疆、到中亚实地调研，有亲身感受，有第一手资料，成为我国研究"一带一路"语言问题的先行者。

丛书各卷作者，有年长者，也有年轻人，但都是"学术老手"，在应用语言学的多个领域有学术根基，有丰富经验。同时，中国传媒大学和新疆大学、新疆师范大学几所高校在媒体传播研究、汉语国际教育等领域有平台优势，与"一带一路"沿线国家有频繁的文化、学术交流。该丛书的研究，也进一步促进了我国与中亚地区的学术合作，产生了较好的学术影响。丛书的这种工作模式是值得赞赏的。

语言学是经验学科，第一手研究资料，对研究对象的亲身感知，都很重要。获取第一手资料，感知研究对象，就必须多做田野工作。当然，不同的语言学科有不同的"田野"，现实语言调查、社会语言实践、古籍文献阅读、语言教学的对比实验、计算语言学的实验室等，都是语言学家的"田野"，都是现实的语言生活。本丛书的学术团队有着强烈的学术使命感，更有良好的学风，到"田野"去，到语言生活中去，去研究国家发展最需要解决的语言问题。这种学术精神，是值得提倡的。

李守明

2018 年 2 月 19 日

农历雨水之日

序

"一带一路"倡议提出以来，我国在经济、文化、教育等各领域的相关工作逐渐展开，政策沟通、设施联通、贸易畅通、资金融通、民心相通已经被明确为愿景方略和行动目标。沿线国家和地区也对我国的倡议积极响应，为展开全面合作进行对接。在这一双向交流的过程中产生的语言文化问题，引发了学术界对"一带一路"中语言的重要作用的关注和讨论。

邢欣教授主编的"'一带一路'核心区语言战略研究丛书"以学术研究服务国家发展为己任，从语言战略构建的高度，深入研究服务于"一带一路"实施的语言问题，无论于学术还是于社会实践，都具有重要的价值。

几年来，在不同场合，邢欣教授都在不断地阐释"'一带一路'核心区"的理念。她认为，"丝绸之路经济带"核心区将在"一带一路"建设中发挥窗口作用。作为重要的交通枢纽、商贸物流和文化科教中心，它涉及的多国家、多语种的语言问题尤为典型。这一判断是基于邢欣教授及其团队的大量调查而形成的。

这套丛书提出了以语言服务为主的语言战略新思路，它符合"一带一路"建设的目标和需求，是切实而有远见的。丛书中关注的国际化专业汉语人才培养、媒体报道语言热点等问题，也紧紧扣住了语言服务这一核心点，把握了"一带一路"总体布局下的语言战略问题的脉搏。同时，丛书中包含的旨在促进"民心相通"的留学生的文化碰撞与适应、语言适应和语言传承等研究内容，紧密贴合了"一带一路"的框架思路，表明了丛书作者对语言与国家方略的关系的透彻理解和深刻立意。

邢欣教授具有语言本体、民族语言和语言应用等多方面的研究经验，成果丰硕。近年来组织一批语言学、语言规划、语言教育等各方面的专家，就"一带一路"核心区之一——新疆的语言问题进行专门研究，形成了一支有机配合的研究团队，赴多个"一带一路"沿线国家进行了多次调研，组织了多场学术研讨会，陆续发表了一批有重要影响的文章。这套丛书就是在此基础上完成的。

丛书的作者有民族语言学、社会语言学方面的知名学者，有活跃在教学科研第一线的高校骨干教师，也有近几年获取博士学位走上相关岗位的青年新秀。集中多方面研究力量形成的研究成果具有视角新颖、内容丰富、应用性强的特点，将对语言战略研究理论和"一带一路"建设各领域的实践都会产生积极影响。

在这套丛书申请立项过程中，我有幸成为先读者，深为他们的精神所感动。值丛书出版之际，邢欣教授要我写几句话，就有了上面这段文字。

是为序。

2018 年 2 月 25 日

丛书前言

　　"一带一路"倡议是我国政府提出的以经济发展带动世界各国繁荣和谐的新愿景和行动纲领，是"具有原创性、时代性的概念和理论"指导下的治国新理念，具有重大而深远的意义。目前，"一带一路"建设已"逐渐从理念转化为行动，从愿景转变为现实"。截至 2018 年底，全球已有 122 个国家和 29 个国际组织积极支持和参与"一带一路"建设，在政策沟通、设施联通、贸易畅通、资金融通、民心相通五个方面全面推进。交流互鉴、合作共赢、共同发展已成为我国与沿线国家的共识，政治互信、经济融合、文化包容的利益共同体、命运共同体和责任共同体正在一步步形成。"一带一路"建设的核心点在各国共建上，而国际上的政治、经济、法律、商贸、文化、教育等交流活动都离不开"语言"这一物质载体，语言成为合作共建、民心相通的关键要素。因此，构建符合时代需求的语言发展战略，成为"一带一路"建设中的基础性工程。

　　"一带一路"倡议提出以来，国内各个领域的相关研究蓬勃开展。从 2014 年起，语言学界也逐渐投入到这一研究中来，接连发表了一系列研究成果，提出了许多有建设性的观点和建议。特别是李宇明先生于 2015 年 9 月 22 日在《人民日报》上发表的《"一带一路"需要语言铺路》一文，为"一带一路"研究中的语言政策研究提供了依据。从语言学界的研究来看，大家已经基本达成了共识，即"一带一路"建设的顺利进行离不开语言保障，围绕"一带一路"的语言研究势在必行。我们这一研究课题正是产生于"一带一路"建设的大背景下，不是只与语言学相关，而是具有跨学科的性质；其成果也将不仅应用于语言学相关领域，还将与社会各层面相对接。因此，在研究思路上，我们搭建了一个理论与应用相结合的框架。在理论上，解决好语言政策与对外语言传播政策的对接，汉语教学与汉语国际教育语言人才培养政策的对接，以及国家语言安全战略与"一带一路"

语言服务的对接；在应用上，把握服务于语言需求这一主线，在语言人才培养、媒体语言传播、"互联网+"语言公共服务平台建设等方面提供策略建议。在研究方法上，以实地调查为重心，深入调研，充分占有第一手资料。

根据基本的研究框架，我们先后组建了"'一带一路'核心区语言战略研究"课题组和"面向中亚国家的语言需求及语言服务研究"项目组，获得了国家语委重大项目、国家社科基金重点项目，以及新疆大学和中国传媒大学"双一流"大学专项建设资金的支持；同时，规划了预期研究成果，形成了"'一带一路'核心区语言战略研究丛书"。南开大学出版社以该套丛书申报了"十三五"国家重点出版物出版规划项目和2017年度国家出版基金项目，并顺利获批，为丛书的出版和成果的传播提供了保障。

我们希望这套丛书可以实现它的预期价值，主要包括以下几个方面：第一，提出面向"一带一路"沿线国家，以语言服务为主的语言发展战略，为国家语言规划和语言政策的新布局提供理论依据，为"一带一路"语言战略智库建设提供策略建议；第二，丰富和完善语言文化研究的内涵，为对外语言文化交流提供建议，为促进民心相通提供语言服务；第三，研究语言文化冲突消解策略，为"一带一路"建设中潜在的，或可能出现的语言文化冲突提供化解方案，为跨文化交际的研究提供理论和实践的补充；第四，提出满足"一带一路"建设需求的语言人才培养模式和急需人才语言培训模式，为领域汉语教学提供理论依据；第五，为汉语国际传播提供新的思路；第六，在"互联网+"思维下，提出建立语言需求库、人才资源库，以及搭建"语言公共服务+语言咨询服务"平台的理论方案。

在丛书撰写过程中，研究团队的各位作者发挥资源和平台优势，以严谨的科研态度和务实的工作作风开展研究，希望这些成果能经得起实践的检验。我们的研究团队成员主要是新疆大学、新疆师范大学、新疆教育学院、新疆喀什大学等新疆高校的研究者和中国传媒大学的硕士生和博士生，感谢这些高校的大力支持，特别是新疆大学和中国传媒大学的大力支持。在本研究进行过程中，同行专家、各领域相关研究者给予了很多支持、帮助和指导；在实地调研中接受访谈和咨询的中资企业、孔子学院、高校、语言学院、华商协会组织、媒体等相关人员给予了大力配合和宝贵建议，这些都为本研究提供了实施条件和重要启发，在此一并深致谢忱！还要特别感谢李宇明教授、郭熙教授为丛书慨然作序，沈家煊先生在国家出版基金项目申请时对丛书给予肯定和推荐，给了我们莫大的鼓励和支持。最后要感谢南开大学出版社的无私相助，特别是田睿等编辑为本丛书出版殚精竭虑，付出了大量精力和心血，特此表示诚挚的谢意。

　　在编写本套丛书的过程中，我国提出的"一带一路"倡议得到了国际上越来越多国家的响应和支持，"一带一路"建设正在全面而深入地推进。这对语言应用研究提出了更多的课题和更高的要求。服务于"一带一路"建设，服务于国家和社会的发展需求，希望我们的研究能起到一定的积极作用。学术研究服务于社会发展和时代需要，是科研工作者的使命。我们最大的荣幸，是能得到广大读者的反馈和指正，使我们在研究的道路上能循着正确的方向探索，并获得源源的动力，坚持到底。

邢欣

2019 年 1 月

本书前言

动词的研究一直是汉语语法研究的中心。吕叔湘在《中国文法要略》(2014)中将句子分为四种，他认为叙事句的中心是一个动词，句子的其他部分是用来补充说明动词的。就句子的语义关系来说，主要是通过动词和名词之间的选择关系进行体现的。

在汉语动词中有一类动词很特殊，他们与生俱来地带有上下等级关系，这种等级关系具有典型性和选择性，动词的等级关系决定了动词的施事和受事、与事之间的社会等级。在交际场合中，如何恰当使用这些等级关系动词，如何判断动词的施事与受事、与事之间的社会关系，需要通过这类动词与名词之间的选择限制得以实现。同时，在互动交际中，个人及其认知过程是处于社会交往、社会群体和社会结构之中的，这就会涉及宏观层次上的权势、优势控制，阶级关系，意识形态以及微观层次上的与他们相联系的对应物。

本书从权势与等同这个社会语言学的视角，对《现代汉语词典》(第7版)(以下简称《现汉》)中所有动词进行了筛选和考察，首先将这些筛选出来的动词分为上对下等级关系动词和下对上等级关系动词，又将这些具有等级关系的动词分为典型动词和一般动词。我们对这些动词更深入考察后，对它们进行了重新分类，即以角色的权势关系、角色的交际场合、角色的年龄辈分以及角色的优势劣势等作为划分等级关系类型的依据，并对此进行了例证分析、数据统计，构建了新的类型框架。

语言不仅是思维的工具，还是行为的工具。语言内嵌在社会互动当中。要理解这些语言现象的意义和作用，不仅要看它们所出现的语境，还要考察话语表达者在互动中的具体话语行为。本书通过语料库的例句、文学作品中的话语以及影视作品中的对话，对具有等级关系的动词从语义特征和构词特征进行了详尽的分析与描述。我们发现，在具有权势关系的互动交际中，词语是展现这些社会等级关系的关键所在，词语也是社会中权势的基本信息传递工具。通过这些动词在特定场合的运用，人们"学会"了如何辨识、接受权势，并在特定的场合里保持这种平衡的社会关系。

在"一带一路"的建设过程中，相应的政策协商、贸易往来以及设施建设等，无不需要语言的辅助，准确、恰当的语言沟通将为经济互惠铺路搭桥；同时，"一带一路"也是多元文化相互交流的新平台，不论是学习各国文化还是宣传中国文化，要想真正实现表情达意、民心相通，把握好各国语言及汉语的载体作用，颇为重要。在此背景下，本书对动词互动等级关系的教学与应用做了探讨。首先，从对外汉语教材中四个等级关系词汇出发，探究了等级关系动词的分类教学问题。其次，在以"红山网"为例，以网络媒体中的新闻报道标题及正文为研究对象，梳理和分析了等级关系动词在网络新闻报道中的特色和导向性。最后，以互动交际理论为支撑，从文化语境、情景语境、词汇教学语境三个方面探讨了等级关系动词的表现特征和语用功能。

在书稿付梓之际，太多的感激涌上心头。首先，将敬意和感激送给我深爱的导师——邢欣教授。从此书的选题、章节增补到内容修改，无不体现着导师的智慧和敏锐的洞察力，渗透着导师对我的关心和鼓励。

从此书与出版社成约到每一审的详细修改，南开大学出版社编辑室主任田睿给予了大力支持，出版社的王霆编辑用专业的知识和严谨的态度对本书每一处的修改给出了中肯的意见。

作为新疆大学"中外文化比较与跨文化研究基地"的研究员，我也要感谢基地对本书的出版给予的高度重视和积极支持。

同时，在成稿之日，心中惶恐万分。因本人学识有限，阅读有限，书中难免会有错漏之处，观点也可能有所局限，殷切地希望得到专家、同行们的批评指正。

赵毅玲

于新疆大学北校区西院

2020 年 9 月 1 日

目　录

第一章

语言学中的互动等级关系研究概述

第一节 社会语言学中的阶层研究

在社会语言学研究中，阶层作为一个重要的外部因素所产生的语言的社会变异一直是社会语言学学者们所关注的。然而，这些研究中没有明确提出"等级关系"的概念并进行相关的论述，而是将"等级关系"作为阶层内部的一部分进行阐述。

一、拉博夫有关语言变异的阶层观点

拉博夫（William Labov）认为对同一件事物存在不同的说法。这就是拉博夫语言变异模式中的两个基本内容：社会变异和语体变异。语言随使用者社会属性的变化而变化意为社会变异；语言随语境的变化而变化意为语体变异（祝畹瑾，1992）。

（一）语音调查中的阶层观点

拉博夫（1966）将英语中辅音 r 看作一个主要的语音变项，即根据说 car，card，four，fourth 等词语时元音后的辅音 r 发不发音，来确定纽约市各阶层具有不同程度的语言变异。他所提出的假设是：假若纽约市本地人中有任何两个集团在社会分层的阶梯上处于高低不同的地位，那么他们在发不发 r 音上也会表现出相应的体现声望高低的差异。拉博夫选取不同级别的百货公司①的售货员作为调查对象，是基于这样的判断：不同级别百货公司的顾客势必来自不同的社会阶层，而百货公司的售货员通常要向顾客看齐，那么百货公司的售货员也会表现出类似于顾客的社会分层。通过调查数据，有 62%的萨克司职员、51%的梅西斯职员、20%的克拉恩斯职员全部发 r 音或部分发 r 音。这就说明 3 家公司的职员发 r 音多少的分层顺序和社会分层顺序是相同的，即由高到低。

拉博夫使用"快速匿名调查"的方法，以 r 作为因变量，对纽约市 3

---

① 拉博夫根据百货公司的声望将它们由高到低依次排列为：萨克司、梅西斯和克拉恩斯。

家不同档次的百货公司的售货员的发音做调查研究，成为研究语言的社会分层的具有代表性的研究方法。后来类似的社会语言现象都被称作"层化"现象（徐大明 等，1997），拉博夫的卷舌层化论述中详细区分了 6 个社会阶层：

上中等	UMC
下中等	LMC
上层工人	UWC
中层工人	MWC
下层工人	LWC
低层	LC

（二）语体调查中的阶层观点

拉博夫把英语中辅音 r 发不发音作为语音变量，以 3 个不同级别的百货公司来研究纽约市语言的社会分层的情况时，分列出随便语体和强调语体中的辅音前 r 和词末 r 的 4 种发音。同时，在纽约市下东区调查 thing，three 和 this，them 等词中的齿间擦音 th 和 dh 的总变化态势，使用了 4 种情景：随便说话、留意说话、读短文、念词表，语体风格从随便到正式到最正式。他将受调查的对象分为四个阶层：下层、劳工阶层、下中阶层、上中阶层。调查结果发现，阶层越低，把 [θ] 和 [ð] 发成标准音的频率越小；语体越随意，非标准音出现的频率越大，语体越正式，非标准音出现的频率越小。随着语体的正规化，各阶层所发的标准音频率也是平行地依次递增。

二、伯恩斯坦有关语言变异的阶层观点

伯恩斯坦（Bernstein）（祝畹瑾，1992）较早地从阶级和阶层的角度分析和研究语言变体现象。他主要讨论劳工阶级与中层阶级中青少年的言语能力差别。他认为，在中层阶级及其附属阶层中生活的儿童会用复杂的和局限的两种语码；而在劳工阶级的某些阶层特别是在下层中生活的青少年则囿于局限语码。他在寻找复杂语码和局限语码的阶级根源时指出，对这两种语码的倾向性并不是说话者天资发展的结果，而是由作用于他们身上的社会制约决定的，制约的方式受阶级亚文化（subculture）的影响。但是，

他的研究忽视了语境对语言运用的影响以及语体之间的差异。

三、其他学者的语言阶层观点

陈松岑（1984）指出语言变体包括民族语言变体、地域方言变体以及社会方言变体。社会方言变体是指由于人们结合成不同的社群而产生的语言变体。这个"社群"是在社会生活中具有特殊作用的社群，它可以特指一个民族或一个地区的阶级、阶层、行业等。在研究社会阶级和语言变异的关系时，多使用马克斯·韦伯的社会分层理论，陈松岑（1984）认为这种社会分层的方法不完全适用阶级划分的标准，但是它在更大程度上反映了人们在职业性质、文化程度和生活方式上的共性，可以作为划分交际领域的社会方言社群的依据。

陈章太（1988）在讨论语言变异与社会关系时指出，阶级的对立，阶层、集团、社团等的存在，必然使语言发生变异。我国1994年以前在这方面也有相当多的例子，如上层社会的习惯语、统治阶级的专用语、不同行业的行话、各种帮会的隐语、土匪黑帮的黑话等。如今，帮会没有了，但是阶层、行业、社团等还存在，其造成的语言变异还普遍发生，习惯语、专用语、行话还存在。这些变异不仅反映在语音、语法、语调以及语言风格上，也更多地表现在词语方面。

祝畹瑾（1992）在讨论阶级、阶层与语言变异之间的关系时指出，研究的重点是在全民语音、语法系统之内是否存在社会分化。她对伯恩斯坦和拉博夫的研究成果做了详尽的分析，指出说话人使用某一种说法而不用另一些说法，与他的社会背景和说话时的语境有关。一个社会集团或阶层在一定的语境中使用某些语项时，呈现出相当整齐的模式。

在研究社会与语言变异之间的关系时，最明显的社会因素是性别、年龄、社会阶层、民族或种族。徐大明等（1997）指出不同的社会阶层在使用语言上有着明显的差别，他认为社会阶层是根据社会经济标准划分出来的。

郭熙（1999）认为在社会结构的发展中，最突出的是社会阶级结构、职业结构和性别结构的变化。其中，社会阶级结构处于不断变化中，这种变化也带来了现代汉语的各种差异。

　　邢欣（2004）认为语言的变体也指语言的变异，也就是说，语言在人们交际行为中出现的各种不同用法和差异就是语言的变体。它是由于交际双方的不同社会特征和社会关系以及交际目的和场合的不同而形成的。她指出，人们的社会阶层、职业、活动范围甚至年龄、性别的不同也反映到语言中，形成了社会阶层变体、性别变体、领域语言变体等。语言离开了这些变体，也就失去了交际作用。

　　国内外社会语言学的研究揭示出阶级、阶层之间存在着有规律的语言差异，指明了具有不同社会声望的语言变体在不同阶级、阶层之间的分布情况。

第二节　互动交际理论中的"权势"和"同等"研究

一、布朗和吉尔曼有关"权势"和"同等"的论述

　　罗杰·布朗（Roger Brown）首次将"权势（power）"和"同等（solidarity）"引入社会语言学的研究领域。在他与阿伯特·吉尔曼（Albert Gilman）合作完成的论文 *The Pronouns of Power and Solidarity* 中，他们通过对印欧语系中关于第二人称代词 T（单数）和 V（复数，多用于单数）的研究发现，在英语、法语、德语、意大利语和西班牙语中存在着两个基本的社会特征，即权势和同等。他们指出，在这些语言中，称呼代词所发生的语义转变，是从语法意义向社会意义的转变，而且他们强调权势和同等受到社会结构、集体意识和代词语义的限制和约束，又与交谈者之间的地位差距和亲疏关系相呼应。他们认为，"如果一个人能控制另一个人的行动，他对后者就具有权势。权势指的是至少两个人之间的关系，是一种非相互的关系，因为两个人不能在某种行动范围内同时对对方拥有权势"。由此而来的权势语义也是非相互性的：权势拥有者对别人使用 T，而别人对他则用 V。他们得出这样的结论：几个世纪中，法语、英语、意大利语、西班牙语和德语中代词使用的规则是，权势不等的双方使用非相互的 T 和 V，权势大致相等的双方

（根据社会地位高低而定）使用 T 或者 V。在地位相等的人之间使用的称呼代词最初没有区别，是在后来逐渐分化的，T 成为亲近标志，V 成为礼节标志。

我们可以看出，例如，"B 向 A 忏悔""A 比 B 年长""A 是 B 的父亲""A 是 B 的老师""A 拘捕了 B""B 向 A 请教问题""A 是 B 的老板""B 向 A 汇报工作""A 是 B 的姑姑"等这些关系中，A 对 B 是拥有权势的，A 在某种领域中可以主动地、有意识地控制 B 的行为。我们所发现的汉语动词中所能够体现出的等级关系，也正是权势所蕴含的对话双方间不对等的行为动作关系，这种不对称性是人们在社会中不对称的等级观念和社会地位差距等因素在语言中的体现。而上述举例正说明了这种权势的来源：职业、职位、财富、年龄、性别以及在国家、军队或家庭内部所处的地位等。

二、赫德森对"权势"和"同等"的论述

赫德森（Hudson，2009）画出了一幅图：

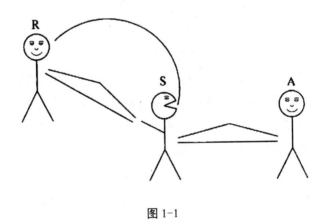

图 1-1

这里的 S 指说话人，A 指听话人，R 指谈话中所指的第三方。赫德森将 X 替代 A 或者 R，总结出了 4 种表达"权势"和"同等"关系的方式，即通过对 X 的表述（via the expression for X）、通过对 S 的表述（via the expression for S）、通过动词形式（via the verb）、通过一般的词汇选用（via general vocabulary level）。S 与 X 之间的权势与同等关系决定了如何选择对 X 的称呼，如"you""waiter""John""Mr Brown""dad"等，但是"the teacher's hat"就没有反映任何等级关系。在日语中有一个表尊敬的前缀"o-"可以表示对所指对象的尊敬，如日语中帽子"boosi"，这个帽子如果是属于地位高的人所有，那么就要用表尊敬的词缀＋词根，即"o-boosi"。还有一种形式是，对如何表述 S 的选择能够体现出 S 与 X 的等级关系，也就是说对"I"和"me"的选择。那么，如何通过使用动词来显示权势和同等呢？

三、国内有关"权势"和"同等"的研究

我们从不同的场合（如医院、课堂、法庭等）、不同的语体（如新闻语体、谈话语体等）以及称呼语中对"权势"和"同等"的研究做综述。

（一）场合不同带来的权势关系

在这里我们主要从医院里的医患关系、课堂中的师生关系、法庭上的法官或者律师与原告或被告的关系中梳理出因为场合的变化而带来的权势不对等的现象。

刘芳（2003）、张海燕（2003）、郑欢（2005）、王晋军（2002）和史磊（2007）对中国医患会话与权势的关系做了详尽的实证研究，从医患会话的各个方面发掘医患关系不对称的证据，他们认为医生的权势是造成这种不对称的根本原因。由于在医院这样一个封闭式的环境中，医生与患者的角色存在三种关系的不对称：首先，医患之间存在医学信息的不对称，患者处于信息弱势；其次，病人来到医院求医问药，处于弱者地位，医务工作者代表医院提供帮助，隐形中规定病人在医患人际关系中的弱势；最后，医生代表医院，拥有法律和医疗机构赋予的、公众认可的问诊、检查、诊断、治疗或建议等权力，而这种权力为医生所独有。因此，医患之间存在着的这三种角色关系的不对称导致了医患在权势上的不对称：医生处于强势，病人处于弱势。

许之所、张静（2008）阐述了导致权势差异的因素，如谈话双方的辈分、社会地位的不同可产生权势（如家长与子女、领导与下属、医生与病人、教师与学生等）；谈话双方对所谈论的话题的相关信息占有量差异会产生权势；谈话者的语言素养和语言流利程度也会产生权势（这一点在外语交际中显得特别突出）；谈话者的气质、性格也会产生权势；有时谈话者所操语言的社会地位（如标准语、方言等）也会导致权势关系的产生。以此

为依据，他们认为在外语课堂中存在两种权势关系，即老师与学生之间的权势关系，以及学生之间的权势关系。第一种权势关系的产生是因为：首先，中国及大多数亚洲国家属于强权势文化范畴，人们对权威一般持敬畏态度，表现在师生关系中就是学生对老师非常尊崇，师生关系处于非平等状态；其次，双方在外语水平、社会阅历、表达能力以及对涉及话题的信息储备上存在着差距，也决定了双方的权势关系。第二种权势关系则是指外语课堂上不同学生之间由于他们在外语水平、表达能力、性格等方面的差异造成的知识和能力方面的不对称现象。

余素青（2008）从制度性话语和一般话语的分析着手，引入"权势"这个重要因素来探究言语角色之间话语权的不对称性，进而分析法庭言语的情况。他把法庭中的言语角色分为法律专业人员和非法律专业人员，他们之间是一种不对等的权势关系，这种关系引起了他们之间权势的层级性，权势的层级性又影响着各言语角色之间话语权的大小。他认为，国家机关及其公职人员的国家权威性、法庭言语各角色控制性、法律的专业知识都是构成话语权不对称的因素。在庭审过程中，法官、律师和公诉人等法律职业人员与非法律职业人员相比，具有更大的话语权，这就造成了话语权的不对称现象。

肖唐金（2006）从批评语言学的角度出发，以美国前著名美式足球运动员辛普森（O. J. Simpson）的审讯记录来说明在法庭上使用的模糊语并不会带来歧义，即模糊语并不是歧义语，而是反映了原告律师和被告的权势关系。在法庭中两个主要的社会角色是原告律师方和被告方，一问一答的形式中可以反映出原告律师和被告之间不同的认知表现及社会角色的矛盾与对立。

唐怡群、杨秀珍（2010）通过对一场中国民事案件庭审过程的话语分析，对中国法庭话语中呈现的权势关系做了尝试性的研究。他们根据塞尔对言外行为的5种分类，将案例中的话语角色分为审判员、原告、被告母亲和被告家属。从实证分析的角度发现，阐述类和指令类这两种言外行为在法庭中的使用最为频繁，因为法官在法庭具有法律赋予的最高权力，表示指令、建议或命令的话语都由法官发出，表明了法官处于权势等级中最高级别；表达类的行为使用最少，因为庭审中的话语不需要有太多的个人感情色彩；承诺类和宣告类言外行为居中，一般法官宣告庭审秩序和宣判结果，这类专职话语的使用使法官的权势地位不可撼动，而且也保证了庭审的秩序和效率。这个研究结果是与各主体在法庭上言外行为的目的相一致的。

（二）语体风格中权势关系的体现

在不同的语体风格中也能体现权势关系的不对称性。有些学者从电视谈话或访谈节目、广告和网络聊天中研究权势不对称的现象。

童琳玲（2010）探讨了电视谈话类节目中的权势现象。作者通过对主持人与嘉宾的谈话分析发现：首先，主持人提问的次数远远多于嘉宾的提问次数。其次，对话轮的控制项中重叠和打断的比例也能够看出主持人和嘉宾的权势不对等现象。再次，童琳玲统计得出主持人所用句式一般为直陈问句和一般疑问句，而女嘉宾则多采用附加疑问句，表示客气、委婉。附加疑问句的使用与女性注意交际中的礼貌、在交际中处于弱权势地位有关。这样从性别的差异论证了男性在社会生活中处于"主导""强势"地位，而女性则处于"从属""弱势"地位。最后，作者从非言语交际因素入手，如衣着、手势、表情、眼神等，认为主持人较嘉宾拥有权势。

王倩（2008）将韩礼德（Halliday）提出的复项主位中的语篇主位、人际主位、话题主位作为自己研究的第一主位，以话语语篇功能中的第一主位为切入点，透过数据统计和分析发现：主持人在谈话中处于强势地位，要强调话题，引入新信息，引导话题向纵深发展，因此他们较嘉宾使用更多的标记主位；在具体的谈话场景中，按特定角色权势的大小决定话语量比值的大小，那么主持人是主动方，而嘉宾是被动方，这样主持人的语篇主位比例高于嘉宾。

李金英（2007a）从广告主与消费者的角度，讨论他们之间存在着明显的权势关系。广告主将各种形式的广告通过传播媒介强加于消费者，并创造出广告所代表的意象和意义。而消费者在整个交际的过程中，由于缺乏专业知识，或受到各种各样的限制，没有能力在这种交际中占据主动权，进而失去了做出正确判断和选择的能力。由此可以看出，在这种交际活动中，广告主处于强权势地位，而消费者是被动的弱权势方。李金英（2007b）从广告利用人们对渴望群体的崇拜和广告利用貌似职业权威人士这两个方面对广告的人物权威效应做了简略的说明，可以发现广告主作为强权势方常常运用各种权威来使处于弱权势方的消费者在自觉或不自觉中受到广告信息的操纵。

夏丹（2010）采用会话分析的方法，通过对网络聊天中的话语行为的分析，发现网络聊天中的权势属于建构性的，而不是赋予性的，网络聊天者在交流中通过语言的使用来获得权势，权势关系是动态的，随着互动活动的展开不断发生变化。聊天者是通过交流过程中随着话题的发展变化来建构权势，而不是通过先在的关系映射到网络聊天中。最后夏丹也认为在网络聊天中，一些社会和心理因素如性别、年龄、职业、知识背景、人格特点、心理状态等是权势建构的基础。

（三）称呼语中权势关系的体现

称呼是言语交际中用得最广泛、最频繁的词语，称呼语不仅包括代词，还包括直接称呼语。本书前文中已经简明地介绍了代词所能够带来的权势关系，在这里主要对以称谓为称呼语的研究进行综述。

罗杰·布朗和玛格丽特·福特（Marguerite Ford）借助于"权势"和"同等关系"的模式，把美国英语中的称呼形式划分为 3 类：相互称名；相互称职衔、姓；一方称名，另一方称职衔、姓。其中第三类较为特殊，主要是由谈话双方的年龄、职业地位的差异而引起的变化，如下图 1-2 所示。然而当年龄和职业地位在交际中发生冲突时，职业地位则是首先要考虑的因素。

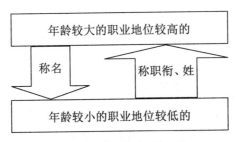

图 1-2　美语称呼规则系统图

欧文·特立普（S. M. Ervin-Tripp，1984，王菊泉 译）用一个称呼规则系统图将杂乱无章的描述变得更加精确。

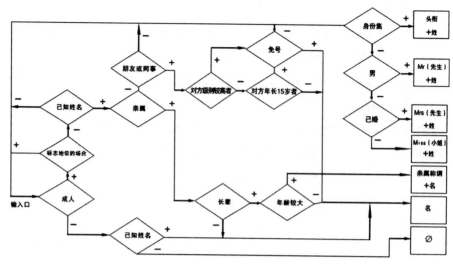

图 1-3　美语称呼系统

这个图表用来显示人们头脑里内在的称呼结构。自左向右有一系列的选择结（selector），经过图表的每条路线都有一个可能的输出，亦即若干可能交替使用的称呼形式。他对标志地位的场合（status-marked situation）、级别（rank）、身份集（identity set）做了解释，认为在研究场合时，关注的只是称呼的交替形式，而不管说话的声调以及所用词的内涵、意义等；他发现在某一工作团体之内，存在着像教师与学生这样有高低尊卑之分的等级差别。在美国称呼系统里，平级和下级都接受名的称呼，因而二者在称呼形式方面并没有什么区别。二者的区别可以通过使用不同的请求方式等其他语言形式体现出来。例如，他发现，在家庭圈子之外，下级接受祈使句形式的直接命令的机会比平级更为经常。对于平级，请求多以其他的说法来表示，最起码在某些场合是如此。为了给予对有一定地位之人在职称或礼节上的尊敬，例如，法官、博士、教授，可以用头衔＋姓，对牧师、内科医生、牙医或者法官可以单用头衔称呼，但对平民或学术界人士则不能。欧文·特立普指出地位和年龄两个因素在美语称呼系统中的重要地位，并且地位优先于年龄。

有关汉语称呼语的研究很多。赵元任对现代汉语称谓系统进行了极其详尽的描述，他强调将面对面交谈时使用的直接称呼语与指称他人的间接称呼语、口头用语与书面用语区别开来。但是他的研究没有提及中国 1949

年后，称呼语由于社会制度的变革、民族心理的变化而产生的种种变化。

祝畹瑾在对称呼语的研究中，通过对现实生活中大量自然话语的搜集和详尽调查，对"同志"的用法做了细致的研究。她将"同志"分为无标记和有标记两种。有标记的"同志"一词的使用说明，交谈者通过语码的转换不断调整双方之间的社会距离。这种用法的意义主要集中在以下 3 个方面：谈话双方存在权势上的不平等，下位的一方称上位的一方头衔，而上位的一方可称下位的一方"同志"；谈话双方存在权势上的不等但有同等关系，下位的一方称上位的一方"同志"或头衔＋"同志"，如"厂长同志""司长同志"，来缩小彼此的距离；谈话双方非常熟悉，使用"同志"以提醒对方他们之间存在着平等关系。

称呼系统鲜明地反映出一个民族的传统文化观念。祝畹瑾（1990）参照欧文·特立普的美语称呼系统图，也归纳出了一张汉语称呼系统图。

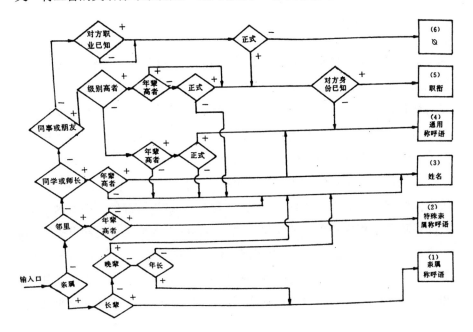

图 1-4 汉语称呼系统

在这个系统中，她指出辈分和年龄在汉语称呼系统中起着至关重要的作用，级别、身份和谈话的方式性（指有明确的意图而并非闲扯）对选用称呼语也颇有影响。

陈松岑（1984）在 1983 年做了北京城区两代人（以 35 岁为界）用亲属称谓称呼上一辈非亲属的变化调查和研究，他的这项研究主要反映出在亲属辈分和非亲属关系中的长幼之间称呼的变化情况和社会因素。他发现青年人使用的亲属词正在逐渐减少其亲属称呼的性质而趋向非亲属化，中老年人使用名目较多的亲属称呼逐渐简化为青年人中通用的"叔叔""阿姨"，这种简化的过程和这两个词的亲属色彩弱化是分不开的，和当今人们家族观念淡薄亦有关系。

卫志强（1994）所研究的称呼指在言语交往过程中能用于当面称呼的名词或等义于名词的词汇形式。从语义的角度，他将称呼分为 6 类，其中第六种类型的称呼——零称呼，或称为潜在的称呼，可以表示说话者的权势关系。文中举例：

> 快了，快了！三老爷，请坐一会儿罢。
> ……倒茶来。

下级回答上级的提问，不敢不用称呼；可是这个下级还有自己的下级，他也发号施令"倒茶来"，未用称呼，这组对话中，可以清楚地看到权势关系对称呼使用的影响。卫志强指出影响称呼变化的因素有：角色关系、亲疏关系以及场合。文中举了一个例子。苏叔阳的剧本《左邻右舍》中，"工人阶级造反派"洪人杰对厂党委书记也有三种称呼：李振民、振民、老李。当洪人杰得势，李振民被罢官时，称呼"李振民"；打倒"四人帮"，李振民官复原职后，洪人杰改称"振民""老李"。这种称呼的变换反映了两者之间亲疏关系和权势关系的变化。他认为称呼是人们之间对相互关系的语言表述，它反映一定的社会集团规范，包括地位规范和结合规范两个方面。前者体现人与人之间的角色关系和权势关系；后者体现人与人之间的亲疏和远近。人们在言语交往中自觉或不自觉地参照这些因素的变化来选定或变换某种称呼。

罗杰·布朗和阿伯特·吉尔曼在对印欧语系的语言进行了考察后，发现这些语言中存在着两个基本的社会特征，即权势和同等。通过对称呼代词的研究可以发现从语法意义向社会意义的转变，即权势和同等既受到社会结构、集体意识和代词语义的限制和约束，又与交谈者之间的地位差距和亲疏关系相呼应。然而他们的这些研究多是将视角限制在了人称代词、称呼语中，还有交际场合的变化，如课堂、法庭、大众媒体，从话语分析的角度，揭示权势的构建和体现。

第三节　礼貌原则和面子理论

将社会因素引入礼貌语言研究时，我们注意到了社交关系的语言表达形式，也就是如何运用语言各种形式显示不同的社会关系，即权势关系或同等关系，从交际双方的角度研究如何不威胁彼此的面子，达到交际的目的。

一、礼貌原则中的"权势"和"同等"关系

莱考夫（Lakoff, 1973）的礼貌观是从听话人的角度，提出要遵守 3 个礼貌规则：规则一，不要强求别人；规则二，给对方留有余地；规则三，增进相互之间的友情。其中规则一适用于交际双方的权势和地位不对等的情况，雇主与雇员、老师与学生等。如果违反了规则一，则是指说话人的地位高于听话人，交际时多带有强求的意味。

利奇（Leech, 1983）将礼貌原则（politeness principle）划分为 6 类（1983），即得体准则、慷慨准则、赞誉准则、谦逊准则、一致准则、同情准则。礼貌原则强调的是对交际对象，即听话人或第三者的礼貌，而不是说话人自己，交际时，说话人尽量让自己吃亏受损，而听话人则多受益、少吃亏。从礼貌原则的级别性[①]（何自然 等，2009）来看，礼貌级别越高，对对方越尊重，说话人越吃亏。从等级关系的角度看，说话人和听话人的社会地位不对称，而且是前者的地位低于后者的地位。

二、面子理论中的"权势"和"同等"关系

戈夫曼（Goffman, 1967）从社会学角度提出"面子"（face）这一概

---

① 礼貌原则的三大特征是：级别性、冲突性和合适性。

念，他把"面子"界定为"一个人在某一具体交际场合中，通过采取言语动作而为自己获得正面的社会价值，是按照社会所赞许的属性而创造的自我形象"。戈夫曼认为，脸面工作是相互配合的，面子的维持和赋予取决于他人。要想自己不丢面子，最保险的方法就是不去伤害他人的面子。

布朗和莱文森（Brown and Levison，1987）在对英语、墨西哥土著语、印度南部土著语这三种毫不相干的语言调查的基础上发现，运用礼貌语言是一种普遍现象。他们提出了"面子保全论"（face saving theory），设定参加交际活动的人都是典型人（model person），典型人"是一个具有面子需求的理性人"，其所具有的"面子"即是每一个社会成员意欲为自己争得的公众眼中的"个人形象"（the public self-image）。这一理论沿用了戈夫曼的"面子"概念，细分为消极面子（negative face）和积极面子（positive face）。消极面子指不希望别人强加于自己，自己的行为不受别人的干涉、阻碍，积极面子指希望得到别人的赞同、喜欢。

赫德森（Hudson，2009）指出在交际中，消极面子和积极面子都是有价值的，但是这种提法会产生误导，让人们对消极面子产生抵触心理，因此，他提出了同等面子（solidarity-face）和权势面子（power-face）的概念。赫德森所提出的同等面子与权势面子都是以"尊重（respect）"为基础的，所不同的是同等面子是指某人因为什么而尊重对方，权势面子是指某人尊重对方做某事的权力。如果我们的同等面子受到了威胁，我们会感到尴尬、羞愧；如果权势面子受到了威胁，我们会认为受到了侵犯。

罗纳德·斯考伦、苏珊·王·斯考伦（Ronald Scollon and Suzanne Wong Scollon）（刘晓萍，2008）在布朗和莱文森所列出的估算面子威胁行为大小的公式基础上，主要以交际参与者之间的权势差异（正权势＋P 或负权势－P）和距离差异（正距离＋D 或负距离－D）为必要条件，提出了尊敬礼貌体系（deference politeness system）、一致性礼貌体系（solidarity politeness system）和等级礼貌体系（hierarchical politeness system）。这三个礼貌体系可以通过图 1-5、1-6 和 1-7 说明：

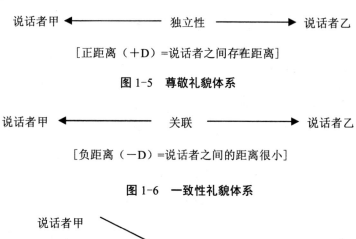

图 1-5　**尊敬礼貌体系**

图 1-6　**一致性礼貌体系**

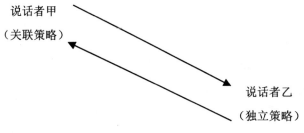

图 1-7　**等级礼貌体系**

在图 1-7 中，我们发现在等级面子体系中，因其不对称性，交际参与者采用的面子策略也不同：上对下使用关联策略，下对上则使用独立策略。

通过对面子理论和礼貌原则的分析，我们发现，人际交往中人们会借助一定的语言手段体现礼貌，即表现出对对方的尊重，礼貌级别高，尽量不违反原则，不威胁面子，如果有威胁面子的情况，将采取礼貌策略或手段，维护积极或消极面子。

第四节　汉语中与"权势"和"同等"相关的动词研究

很多学者对不同语言的动词中能够体现权势的等级关系做了研究。

一、不同语言中动词体现出的"权势"和"同等"关系

从词汇的运用上看权势关系或等级关系，赫德森（2009）就曾指出在语言如何反映权势和同等的问题上，主要涉及四个方面的内容：说话者的语言表达；受话者的语言表达；动词；词汇的选用。赫德森认为，在很多语言中，句子里的主要动词（main verb）能够涵盖交际参与者双方或谈话所涉及的第三方的社会信息，因为动词是句子中的信息集合点（collecting point），例如时态、否定、疑问、命令等形式主要由动词体现出来，而其他一些有关社会因素的信息则受限于主要动词。在现代语法理论中，普遍认为主要动词就是整个语句结构性的根（structural root），语句中的主语、宾语、连接词、从句等成分都依赖于主要动词而存在。他以意大利语中祈使动词为例，"Parlami!"的意思是"speak to me"，而且这种形式说明对话双方是亲密关系，那么"Mi Parli!"则是和地位高的人说话时使用的形式。关于词汇的选用，则可以以爪哇语为例来说明。格尔茨（Geertz）（赫德森，2009）发现在词汇表中，一个词可以有很多种表达形式，而且这些表达形式有各自的意义。例如，"Are you going to eat rice and cassava now?"这句话中，除了英语单词"to"和"cassava"以外，其他的所有英文单词都能在爪哇语中找到两个或者三个对应的形式。格尔茨就将这些现象总结归纳为 6 种形式层级（style level）。每一个层级都由词汇项给出确切的标注，这样所给语句就很自然地归属于不同的形式层级。这种形式层级的功能是为了显示 S 和 A 之间的权势和同等关系，尤其是建立了一道墙，即指用来保护被称呼者的权势面子（power-face）的行为规范（behavioral formality）。

赫德森所提及的后面两种方式都与词有关。就动词来说，因为它是句子的中心，在它的身上附加的信息一般可以通过时态、语态等表现出来，这实际上涉及语法方面的问题。在词的选用上，他指出，不同的词表示不同的人际关系，包括权势和亲疏关系。马丁（Martin）也认为，有权势的一方在谈论事物时，常常使用直接的方式，而处于劣势的一方则采用委婉用语，使用间接的方式（李茹 等，2006）。

万志勇（2008）通过举例试图说明英语句子的时态、否定结构、疑问和命令语气等都在动词上体现出来，我们看下面的一组句子：

（a）Open the window!

（b）Open the window, please!

（c）Can you help me to open the window?

（d）Could you help me to open the window?

（e）Would you mind helping me to open the window?

他认为，在这一组句子中，由上至下话语参与者双方的同等量逐渐减少，受话者的权势量增加是由于权势量和话语参与者利益的索取和给予有关，其实这也就是权势量和同等量一个此消彼长的过程。

在英语中最显著的是用虚拟语气表达一种委婉、尊重对方权势的说法。例如：

（f）You should not smoke here.

（g）If I were you, I would not smoke here.

很显然，（g）句选用了虚拟语气的结构，话语双方的同等量减少，受话方的权势量增加。

王洪轩（1987）在列举动词语义分类的过程中，指出动词具有施益性特征，然而在日语里的施益动词（日语称"授受动词"）则较之汉语复杂。在日语里，根据授予者和接受者的不同等级关系和授予的不同方向，由不同的动词来承担这一行为。在日语的授受动词特征中，又可以分"上行、平行、下行"三个次特征。如：

上行：私は先生に本をさしあげる。（我送给老师一本书。）

平行：私は友だちに本をあげる。（我送给朋友一本书。）

下行：私は弟に本をやる。（我给弟弟一本书。）

在日语中授受动词的特征比较明显，由授受动词构成的句子中，授予者、接受者、说话人的视点三个要素制约着授受动词的选取，而且其中接受者是补语，而不是汉语语法中所讲的间接宾语。授受动词是表示授予和接受的动词。日语的授受动词包括7个，即"やる、あげる、くれる、もらう、さしあげる、くださる、いただく"，分为三大系列："あげる"系列、"くれる"系列和"もらう"系列，其中"さしあげる、くださる、いただく"分别为"あげる、くれる、もらう"的敬语表达形式。"やる"是"あげる"的对下动词，表平行关系的动词就是"あげる、くれる、もらう"。

在日语和韩语中，一般用两种方法表达尊敬和谦虚之意：一是使用尊敬形式的词语；二是通过助词或词尾的变化来实现。

同样，一个讲韩语的人根据与受话人的关系，也要通过语法的变化来表示不同的身份地位，朝鲜语的动词形式可以有下列 6 种后缀，说话者可以选择适合自己身份的一种（Trudgill，1983）：

亲昵形式：-na

随便形式：-e

一般形式：-ta

客气形式：-e yo

恭敬形式：-supnita

权威形式：-so

二、汉语动词中体现出的"权势"和"同等"关系

（一）动词的不对称性

朱德熙（2010）在比较介词"跟"和"和"后头的动词性成分时提出了对称关系（symmetric relation）。例如"结婚"必须有男女双方参加，而这双方的关系是对称的：甲跟乙结婚，乙也同时和甲结婚。同类的动词如：吵架、打架、交战、比赛、打赌、离婚、约好、谈判、商量、辩论、相比，等等。这两个介词常常用在表示比较的句子里，例如：

耗子跟猫一般大。

这种东西跟钢一样硬。

我和他一样（不一样、很像、相反、相同、差不多、不相上下）。

这一类谓词性成分也是对称性的。

然而朱德熙也发现能够出现在"跟＋N＋（）"里的不都是对称性动词，如：

他跟我发脾气（生气、使眼色、说笑）。

他跟我借钱（学游泳）。

我跟他是兄弟。

我跟他是父子（是父子关系）。

我们发现他所举例说明的不对称是一种因甲乙双方主客之分而形成的不对称关系。同时，他也认为在结构"互相＋V"如"互相道歉""互相送礼"中，"道歉"本身是不对称的。虽然他没有明确提出动词本身的词义会带来主客体之间的不对称性，却较早地提出了动词的不对称性。

万志勇（2008）以苏东坡在杭州寺庙的经历来说明动词的选用可以增加权势量。当苏东坡刚进寺庙时，僧人把他当一般香客对待，对苏说："坐，茶"。当得知来客是大文豪时，便说："请坐，用茶。"最后了解到来客是当地的知府时，于是对苏说："请上坐，请用茶。"这里，僧人在句式的使用上添加动词，重复动词，显示出一种尊敬程度的递进，是因为在其心理上，对方的权势量在增加。

（二）从动词后成分的控制度考察"权势"关系

张国宪（1997）以指人名词的控制度不同为依据，把名词分为高控制度词（如"干部、厂长"）和低控制度词（如"群众、工人"）。在他们之间存在着某种权力模式。进而，他依据核动词后成分（宾语）的控制度把定向动词分为两类：（1）低向动词，如"领导、指导、管理"，要求受事的权力要低于施事，在 SVO 中控制度呈递降趋势；（2）高向动词，如"陪同、请教、聘请、选举"，它要求受事的权力要高于施事，在 SVO 中控制度呈递升趋势。言语中如果把角色倒过来，则构成语义不合格句（或有特殊的语用意义）。例如：厂长领导工人→*工人领导厂长。

张国宪使用"低向动词"和"高向动词"与不同的控制度名词同现，来解释短语结构关系中动宾结构和偏正结构之间的差异和理解。这与我们所做的动词考察有相类似的地方。我们考察的是本身带有等级关系的动词，强制性地选择了名词性成分的权势关系。

（三）从动词的语义角度考察"权势"关系

马庆株（1997a），讨论了尊敬义和谦让义有关的动词小类，并指出这类动词小类是和语用密切相关的语义功能类，直接体现说话人的主观态度。他指出，在汉语语言心理上，由于发话人与受话人的地位差异，发话人根据与受话人地位的不同关系而选用不同的动词，于是在长期的语言生活中，对上义和对下义分别成为一部分动词意义的构成成分，这样就形成了对上类动词和对下类动词。对上类动词表示地位较低的人对上级、长辈或年长者以及其他的他认为是尊长者的说话人发出的动作，如"拜、报、报答、朝见、崇拜、崇敬"等；对下类动词用于陈述地位较高的人对下级、晚辈或年幼者发出的动作，如"爱护、保护、处罚、赐、发布、抚养、雇"等。

马庆株（2007）指出汉语动词有主观范畴，对上动词选择"上来、上去"，对下动词选择"下来、下去"。汉语很重视人际关系，尊重对方，贬低自己，让对方居上位，自己居下位。遇到客观空间关系与人际关系发生矛盾的情况时，客观空间关系可以忽略，人际关系优先。这是人际关系优先的原则。

谢凤萍（1998）在研究给予动词时，从语义的角度进行了分类，她将给予动词分为三大类："给"类、"通知"类、"给以"类。由于关注到施事和与事之间的等级关系，其中的"给"类和"通知"类还可以再细分为 3 小类，如表 1-1 所示。

表 1-1　"给"类和"通知"类给予动词的分类

大类	小类	平等关系	上级对下级的关系	下级对上级的关系
"给"类	"送"类	租、输送、赔偿、提供、推销、传染、扔、泼、喂等		
	"奖"类		奖励、赐予、救济、补贴、支派、施加等	
	"献"类			贡献、捐献、交纳、上缴、孝敬、呈交、奉送等
"通知"类	"告诉"类	告知、通告、公布、声明、回答、播送等		
	"教"类		讲授、传授、嘱托、点拨、演示等	
	"汇报"类			禀报、呈报、报告、反映、奉承等

那么，此文中所提及的施事和与事之间的等级差异主要体现为级别、地位或权力上的不对称。

从语义角度讨论动词和名词性成分共现，学者们发现了动词所强制要求出现的名词性成分之间的不对等关系或者支配关系，而且这种关系是不可逆的非对称关系。

第五节　互动交际中的等级关系研究背景与意义

一、互动交际中的等级关系研究背景

祝畹瑾（1992）在对言语交际问题的研究中指出言语交际包括言语交际行为研究和会话分析两个方面。言语交际问题的研究是在假定交谈双方已知与谈话进程有关的各种前提下的静态分析；会话分析则是谈话双方相互协商的言语活动。那么，由此可知，交谈者的社会特征、谈话的场合、情景等因素都可以视为言语交际中的前提，在会话活动过程中，会话反映出社会交往的一般原则，双方由此而协调各自的目的、形象和人际关系。

布朗和吉尔曼在对第二人称代词 T（单数）和 V（复数，用于单数）的研究中用"权势"和"同等"关系概括了复杂的人际网络。随后，在对法语、意大利语和德语的第二人称代词研究中，发现足以产生同等关系的某项条件给予的分量并不相等。由此，他们发现 T 或 V 的使用与社会结构和集团意识有着紧密联系。也就是说，在一个相对静止的社会或保守的思想意识强烈的群体中，使用非相互的权势语义比较普遍；在流动性较大、平等意识较强的社会里或激进思想强烈的群体中，使用相互的同等语义比较普遍。那么，在言语交际过程中，如何使用称呼，既受到民族传统、社会结构和集团意识的制约，又与交谈者之间的身份差距及亲疏关系相呼应。

随后，弗里德里克（Friedrich）运用"权势"和"同等"关系分析了19 世纪俄语中第二人称代词单数 TY 和复数 VY 的三类用法以及其适用范围，他的研究均是取材于19 世纪的13 位俄国作家的文学作品，他发现相互称 VY 的情况多出现在较正式的场合，如公事、婚礼，以及想要表达对对方的尊重时；其次是当交谈的双方在年龄和辈分、权势不对等的情况下也会使用 VY，即较高一方对较低一方使用 TY，较低一方对较高一方使用 VY；再者，在同一团体里即使年龄存在差异也会使用 TY，同学和校友之间为了传递友好和集体精神也使用 TY。

布朗和福特借用了"权势"和"同等关系"的模式，将美国英语中的称呼形式划分为三大类，即相互称名；相互称职衔、姓；一方称名，一方称职衔、姓。研究发现，当年龄差异较大、职业地位高低较明显的时候，高的一方使用名，低的一方称高的一方职衔、姓。

在汉语称呼语的研究中，中国学者对其所表现出来的对等或不对等的关系做了一系列的研究。祝畹瑾（1992）在对"同志"和"师傅"这两个称呼语的实例研究中发现，当"同志"一词的使用具有标记意义的时候，就体现出在谈话双方权势不对等的情况下，发话者想要突显双方的社会距离。"师傅"一词不仅表达对年长者、有业务知识和技术本领的人的尊重，也可以表达当受话方处于"有权"一方时，说话人为了讨好对方，使用"师傅"表达了一定程度的尊敬从而完成了交际活动，达到了预期的交际目的。

在称呼语的选择使用中，同样不能忽视的是对与之相匹配的动词的选择。动词是表达语句动作和行为的核心词语，说明了行为主体的施动力或者实施力，也体现了交际双方的社会地位、身份、年龄、辈分的差异。

二、互动交际中等级关系研究的意义

在互动交际中核心概念就是"互动"，语言的实质不在于语言的抽象结构，而在于语言使用者之间的互动。互动社会语言学认为，交际是一种社会互动，需要参与交际的各方相互合作，一起构建话语行为，在此过程中，交际双方的身份、职位、年龄和辈分也随着语言的变化而更加清晰明了。

（一）交际意图是互动交际中的核心

言语交际是一种有目的、有意图的活动，它要传递的是说话人的意图。语言交际活动涉及两种意图：信息意图和交际意图。这就是说，说话人说话时不仅表明他有某种传递信息的意图，更要表明他有传递这种信息意图的意图，即"将隐于明示后面的意图明确起来"（Sperber & Wilson，1986）。这就是说，交际是否成功，需要看交际双方对彼此的认知环境是否能够显映和相互显映，认知环境指交际双方共处的世界，相互显映指交际双方对某一事实或共同话题都明了，因此，交际双方对共处的认知环境的认识和把握是成功地进行交际的首要条件。这也就是互动社会语言学家强调和描写的交际参与者的会话策略，即"尽力揭示说话人和听话人在具体语境中是如何利用词汇、语法、社会文化等方面的知识发送信息和理解信息的"（Gumperz et al，1989）。

（二）交际过程是交际双方身份的构建过程

影响交际者本身感知的因素有：交际个体在交际中所处的不同地位；交际个体之间在感知能力或认知能力上的差别；交际个休之间在记忆能力上的差别。其中，第一因素正是交际双方在认知环境中达成共识的基础，体现了交际能力在言语行为中的重要性。言语交往的情景由三个要素构成：场合、话题、参与者。这三个要素都可能影响交际双方对词语的选择和使用，参与者的状况是其中重要的影响因素，因为参与者的职业、年龄、性别以及交谈时相互的角色关系，都会直接影响语句中动词的选用。然而，交际的场合并不是一成不变的静态形式，而是说话人根据交际的情况不断调整而构建自我身份和彼此谈话地位的过程。在这个过程中，当有几种词语可以用来选择以表达意义的时候，说话人会根据具体的语境，如情景，听话人的地位、职业、年龄、辈分，等等，选择适合当时场合与听话人身份的词语表达形式，久而久之，这个表达形式与相应的语境构成了某种联系，交际双方由此可以判断出说话人的交际意图。然而交际意图的表达与理解受制于人际关系。一方面，人际关系决定了交际内容与形式的合法性；另一方面，听话人也会根据人际关系做出反应。这就表明交际是调节双方地位的一种互动游戏，一方处于高位，就意味着另一方处于低位。

第六节　本书研究思路

一、研究对象和范围

本书的研究对象是从社会语言学的视角，考察现代汉语动词中能够体现等级关系的词语的语义特征和规律，属于社会语言学研究范畴。

社会语言学的研究范围一般被界定为研究语言与社会之间的相互关系，狭义的解释认为主要是研究语言使用中的变异现象（variation）与社会环境（social context）之间的相互关系（祝畹瑾，1992）。在拉博夫看来，语言和社会是两个相互独立的实体，社会语言学将语言事实（如音系学、词法学和句法学等）与社会事实（如社会阶层、性别、年龄和职业等）联系在一起，并从中探查其相关性（丁信善，1999）。

在交际中，人们总是根据不同的角色在不同的场合使用不同的方式（语音、词汇、句式等）达到交际的目的，完成交际的任务。同时，交际中也能够体现出交际参与者之间的特定关系（等级关系、亲疏关系等）、社会地位、年龄等社会因素。开创城市方言研究的学者当数威廉·拉博夫，他采用了抽样调查和统计学的方法，对拥有 10 万人口的纽约市下东区（the Lower East Side）居民的发音特征进行了广泛的调查研究，揭示了不同阶层不同年龄段的人在不同情景下，对某些音素的发音表现出有规律的变化和差异，从而有力地证实了说话人的社会经济地位、文化教育程度、性别、年龄以及说话时的语境都可能对其言语产生影响，即社会变量和语言变量之间存在着共变关系（co-variation）（祝畹瑾，1992）。

在对《现汉》中的动词进行了穷尽式的考察的基础上，我们发现有一部分动词含有上下级的不对称关系，即体现了上级对下级或下级对上级的关系。在这里我们选择使用"等级关系"来指代这种上下级的不对称关系，而不使用"阶级"或"阶层"，主要是基于以下几点考虑：

首先，《现汉》对"阶级""阶层"和"等级"是这样释义的：

【阶级】……③人们在一定的社会生产体系中，由于所处的地位不同和对生产资料关系的不同而分成的集团，如工人阶级、资产阶级等。

【阶层】①指在同一个阶级中因社会经济地位不同而分成的层次。如农民阶级分成贫农、中农等。②指由共同的经济状况或其他某种共同特征形成的社会群体：中产～｜工薪～。

【等级】按质量、程度、地位等的差异而做出的区别。

我们发现，"阶级"或"阶层"都是指按一定标准区分的社会群体（social group）。阶级的划分以经济地位为依据，具有强烈的政治色彩和时代色彩；阶层的划分以经济资源、权力资源和文化资源的占有量为依据，具有宏观性。

其次，在过去的中国社会里，阶层一般是指阶级内部不同等级的群体或处于不同阶级之间的群体。而现在中国社会学学者更多地使用"阶层"的概念，很大程度上是由于历史的原因，为了减少政治色彩中所暗含的阶级矛盾、冲突以及倾向性，即为了有别于在政治上"划阶级、定成分"的做法。

最后，本书从社会语言学的角度，对现代汉语双音节动词中存在的典型等级关系和一般等级关系的词语进行了分类研究和探讨。等级是指在奴隶制度和封建制度特定的历史条件下，在社会地位上和法律地位上不平等的社会集团，偏重政治与法律地位（马作武，1997）。等级主要以法律地位的不同作为划分依据，并借助道德习惯的力量来维系这种划分。等级的划分往往具有超阶级性，同一阶级内部，可能存在不同的等级，而同一等级又可能包含不同阶级的成员。那么，"等级"一词本身就体现出了上下尊卑、长幼有序、男女有别的不对称和不对等的序列。

虽然现今社会已经剥去了"奴隶社会"和"封建社会"的外衣，但是依然存在着由于社会地位、职业特性、年龄的长幼以及亲属辈分的差异而带来的等级关系。更重要的是，本书以研究现代汉语中能够体现等级关系的动词为对象，等级关系恰到好处地描述了自上而下或自下而上的不对称序列，即上对下的命令式和下对上的请求式。

因此，我们在行文中选择使用"等级关系"来说明现代汉语动词里能够体现出的人际交往中上下之间的垂直关系。

在当代社会中，旧有的等级制度、宗法制度不存在了，但是社会的等级关系还是存在着，反映在语言中的差异也是随处可见，我们可以将纷繁复杂的等级关系梳理一下，概括为以下三个大的方面：在工作岗位中因职务的高低而产生的上下级的关系；在职业领域中因职权、职责的不同而产生的监管与被监管的等级关系；在社会活动中有年龄差异的长幼关系和在家庭生活中有着家族辈分的长辈、晚辈关系。这些天生的等级关系约定俗成地固化在人们的头脑中，在交际中通过词语的使用搭配外显出来。

我们知道现代汉语中能够体现等级关系的词语，不是为等级制度或等级观念服务的，而是服务于社会交际的。在交际中人们选择什么样的词语和表达方式能够显示出交际参与者的交际能力，而且还能反映出社会交往的一般原则。交际参与者双方由此协调人际关系，实现各自的交际目的。

二、研究思路

在国内外研究中，学者们从社会语言学、语用学的角度，以礼貌原则、权势和同等关系、面子理论为基础，对称谓和称呼语做了详尽的描述和考察，而在这方面对汉语动词的探讨相对少些。日常交往中，我们很明显地发现交际参与者总是根据自己所处的社会地位、职业、年龄、家族辈分、财富等因素来选择适当的词语，完成交际活动；而且在古汉语中保留下来的词语，如"诰、赐、册封、恩宠、谕、觐见"等，均有着上对下或下对上的语义特征，这就为我们对现代汉语动词中体现等级关系的词语研究提供了依据。

本书从社会语言学的角度，考察现代汉语动词中能够体现等级关系的词语特征，属于实证研究，运用了社会语言学的抽样调查和统计方法，对所列举的动词进行了统计和分析。同时，本书从本体论的角度，对所考察的动词进行了语义特征的分析和词语构词特征的研究。本书既从定性的角度对现代汉语动词体现等级关系的分类依据做了详尽的描述，在对核心词素的分析中发现等级关系动词中词语组合的规律，也从定量的角度对所列举的动词做了比较和归类。

三、研究方法

本书从社会语言学的角度，考察了现代汉语中能够体现等级关系的动词的分布特点、语义特征和语用功能，争取从表等级关系动词的描写、分析、解释和探讨中，总结出词语规律。

静态描写：穷尽式地搜寻《现汉》里能够体现上下等级关系的动词，并且以角色的权势关系、交际场合、角色的年龄差异、主观心理因素4个方面为依据，将所筛选出的动词分成了4类：职务职位等级关系、职业等级关系、年龄辈分等级关系和优势劣势等级关系。同时，从同族词和词群的角度，以两种构词格式为基准分析了4种类型的等级关系动词的组合特征。

动态分析：以语义为切入点，分析4种等级关系的动词在语用上的变化和优先选择规律。从礼貌原则、面子理论的角度，分析在交际场合中，交际参与者如何根据自己的职务职位、年龄辈分以及交际的场景，去选择合适的动词完成交际活动，达到交际目的。最后，通过对动词的统计分析，分别说明4种类型的等级关系动词的社会特点，而且更进一步说明中国"尊卑有别、长幼有序"的等级观念在现代生活中没有改变，人们为了在交际中扬他人、抑自己，总是会选用适合自己社会地位的词语传达意思，使交际顺利进行。

四、语料来源

本书对《现汉》做了穷尽式的考察，凭借个人的语感和内省体验以及词典中的标注，筛选出能够体现等级关系的动词。本书所采用的语料大部分来自北京大学汉语语言学研究中心现代汉语语料库（CCL）[①]，有个别的例子来自国家语委现代汉语语料库；还有一部分语料来自当代小说或相关文学刊物。所引语料、篇目均随文注明；另有一小部分是作者自拟语句，已随文标注。

---

① 行文中没有做出标注的例句均来自北京大学汉语语言学研究中心现代汉语语料库（CCL）。

第七节　小结

　　我们从社会语言学的角度，对现代汉语动词中所蕴含的等级关系进行研究，不可回避地要涉及阶层的划分、权势的概念、礼貌原则和面子理论的应用，以及汉语动词现有的研究现状。

　　首先，国内外学者对社会阶层的划分标准和类型各有不同。以阶层的划分作为社会因素的变量研究语音的变异，是学者们较为关注的领域。

　　从权势的角度分析人称代词和称呼词语，研究不同场合中权势关系的体现，说明在医生和病人、老师和学生、上级和下属、法官和被告、主持人和嘉宾之间，包括网络聊天中虚拟空间里对话双方之间，存在着固有的等级差异。

　　不少学者就不同语言中能够体现权势关系的动词做了研究。针对现代汉语动词中权势关系的探讨，提法很多，如朱德熙提出了动词"不对称"的观点，同时也有学者提出了这类动词的不同分类名称，如"低向动词""高向动词"，"对上动词""对下动词"，等等。然而，对这些动词所能体现出的等级关系并没有一个较为准确的、统一的定义和分类，只是笼统地描述为社会地位、权势等模糊的外因变量。

　　通过对文献资料的综述，我们发现，从社会语言学的角度，以阶层作为社会因素变量研究语言中的语音、词汇和语法的变异规律的探讨不少，还有一些专门讨论动词的"对上、对下"关系，但是关于现代汉语动词的等级关系系统的研究还不是很多，从动词的语义特征和构词特征上还有很多问题有待进一步探讨。

　　语言不仅具有表达说话人的亲身经历和内心活动的功能，更重要的是具有显示说话人的身份地位、态度、动机以及他对事物的判断、推理、评价等一系列主观意识和能力的功能。在互动交际过程中，说话人可以随时变换他的"言语角色"（speech role），如陈述自己的见解、提问，下命令，做指示，或者接受指令及服从安排等。社会在迅速发展中，社会的公共行政机构对人们日常生活的影响也是前所未有的，个人与各种机构打交道的时候，说什么、写什么、怎么说、怎么写成了每个人在互动交际中需要注意的内容，因此，个人的交际能力在社会生活中的作用变得越来越重要。在社会交往中，领导能力或适应各种社交场合的能力在今天已经变得非常重要了；同样，学会与陌生人打交道以获得某种个人或社会的权力也日显突出。我们需要通过讲话来确定自己的权利，证明自己的资格；在职场，人们必须依靠自己的交际能力和谈判能力来达到目的。所以，交际能力成了个人象征性和社会性财富不可分割的一部分。这种形式的财富在当今社会是必不可少的，就像以前的物质财富是必不可少的一样。我们的研究重点不仅集中语篇中的等级关系词所承担的社会等级的特征，而且也侧重于言语交际的动态研究，研究人与人之间的互动，因为互动是社会的本质，也是语言的归宿。

第二章
汉语动词中的等级关系划分

我们对《现汉》做了穷尽式的考察，发现汉语动词中存在着等级关系。这种等级关系首先反映在静态的层面，即《现汉》中明确标出是上级对下级的动词和下级对上级的动词，在公文语体、文艺语体中表现得较为明显，如"补助、授命、下达"等是上级对下级的行为动作；"禀告、呈请、报领"等是下级对上级的行为动作。本书对这种上下等级关系做了分类分析。

第一节　等级关系动词的分类依据

海姆斯（Hymes，1962）指出，社会语言学家根据下列各种关系研究言语行为：环境、参加者、话题、交际功能、形式以及参加者对以上各种关系的价值判断。苏珊·埃尔尼·特里普（1964）也认为参与者的重要特征具有社会学属性。它们包括：因性别、年龄和职业而定的参加者的社会地位，他们之间的角色关系，如雇主和雇员、丈夫和妻子；某种社交场合特有的角色，如宾主、师生、顾客与女售货员（祝畹瑾，1985）。本章，我们将以角色的权势关系、交际场合和角色的年龄长幼的差异等方面作为分类的依据做进一步考证。

一、从角色的权势关系确立的划分依据

陈松岑（1989）认为，在交际中，如果交谈一方比对方处于更优越的地位，就具有了较大的权势。形成这种地位与权势的差别，可以是辈分的高低、年龄的长幼、财富的多少、学识的深浅、体力的强弱等。父母和子女之间、长辈和晚辈之间、老师和学生之间、雇主和佣仆之间、上级和下属之间都是权势关系。权势关系是一个高度抽象的、概括的、最显而易见的、普遍存在的社会关系，简而言之，即上下等级关系，是社会关系——横向和纵向关系中的垂直关系。我们认为除了这里所列举的诸因素之外，还有职务职位带来的上下级别的差异，也都可以形成权势关系，例如：

（1）郑国使臣老远地跑来犒劳军队，这说明郑国早已有了准备，要偷袭就不可能了。

（2）费根上校同他的船一起沉入大海。英国曾对他追赠维多利亚十字勋章，以表彰他的英勇行为。

（3）我与冰心老人的缘分，因为书，50 年代读她的书敬仰她，80 年代为出书求她帮助而结识她，她的人格力量时刻激励着曾经多灾多难的我献身事业，奉献爱心。

（4）周恩来总理 9 次访缅，是建造缅中友好大厦的大师。中国人民敬仰他、爱戴他、怀念他。缅甸人民同样敬仰他、爱戴他、怀念他。

（5）又像是一位大大的首长，在和蔼可亲地勉励小小的下属，为的是使下属能够心怀感激，诚惶诚恐地明白——这件事交给你办，那可是对你的依重，否则这份"工作"早分配给别人了……

（梁晓声《生非》，《小说月报》2011 年第 1 期）

（6）非法闯入我军事演习区域采访三名香港记者被遣送出境。

例（1）中的"郑国使臣"在"犒劳"这个行业中属于姿态较低的一方。例（2）中的"费根上校"在"表彰"这个行为动作中是地位较低、权势较弱的受事，而隐形的动作主语是地位较高、权势较强的施事，通过恰当合理的词语搭配就更加强化了动词中所能够体现出的等级关系。例（3）中的"冰心老人"和"我"与例（4）中的"周恩来总理"和"中国人民"及"缅甸人民"之间的关系，我们可以从主观心理愿望和客观事实的角度来综合分析。首先，施事对受事的"敬仰"和"爱戴"多是由于受事具有在学识、人品、道德、修养或者生平事迹等方面受人钦佩和尊敬的特征；其次，受事或高或低都具有一定的身份或职务，而且这个职务比施事要高，他才有能力和权力做出让施事"敬仰"和"爱戴"的丰功伟绩。从这些方面来衡量，受事比施事的权势高，使人油然产生了一种"心理仰视"或"情感仰视"的倾向。例（5）和例（6）中的"分配"与"遣送"，表明了不对称的权势关系，即上对下的行为动作，其中"遣送"使用在被动句中，看似是强调了受事——动作的承受者，而缺少了论旨网络结构中的施事者的论旨角色，然而我们可以通过动词的语义特征知道，缺省的施事者是地位高于受事者的一级组织或机构，才有这样的权力将"负罪"之人"遣送"出境。

能够反映出权势关系所涉及的因素很多，本书所考察的表等级关系的动词中一部分词语是以权势关系中的职务、职位的等级序列为依据的，有了相应的职务、职位，施事就具有了行政管理权力，才能够自主地、有意识地做出"指示""赐予""命令""调查"等行为动作，并且相信受事或与事有足够的能力完成。

（二）从交际场合的角度确立的划分依据

语言的作用不仅仅是传递所指信息，语言的使用还有对语言使用者的社会标志作用（徐大明 等，1997）。在交际中，这种社会标志具有双向性，说话人和听话人因为各自的社会地位、职业、财富、亲属辈分或年龄等存在着差异，在交际中就会将头脑中固化的礼貌、等级观念通过词语的选用表现出来；同时，在特定的场合，使用恰当的词语可以突出对话双方的社会信息，以唤起彼此的注意。那么交际双方就要选择适合交际场合的词语达到交际的目的。交际的场合，按照语用功能可以分为庄重和随意差异、书面和口语差异、亲密和疏远差异等。我们在对现代汉语词语研究中发现，很多具有固定含义的词语在特定的交际场合中能够表明交际参与双方的职业特点和等级关系，同时在中性语境中的词义解释是不言自明的。例如：

（7）目前，警方已将生还的两名偷渡策划者拘留。此外，警方还逮捕了一名涉嫌这起偷渡案的高级警官。

（8）天气是难得地好，陶妲女士的心情却烂透了——丈夫因"流氓行为"被镇派出所拘押了两个多小时；最终在她的强力交涉下，交了 1000 元罚款才解除拘押。

（梁晓声《生非》，《小说月报》2011 年第 1 期）

（9）不知道他怎么认识了省城那位蔡局长的，听说人家高升了，就一次次邀请人家，非要陪人家进山去打猎。人家盛情难却，结果就来了。老百姓手里没猎枪，早收缴上去了。不知道他怎么就能搞到一把，还是支新的。

（梁晓声《生非》，《小说月报》2011 年第 1 期）

（10）四川人事厅近日决定，从现在起，在川工作的外籍和台港澳人才也可申领有"四川绿卡"之称的《四川省引进人才工作证》了。

（11）李嘉廷在法院审理期间，检举了两个国家工作人员的职务犯罪，经查属实。

（12）李友灿归案后，虽能如实供述所犯罪行，提供赃款去向，认罪态度较好，部分赃款赃物已被追回，但不足以从轻处罚。

例（7）中的"拘留""逮捕"、例（8）中的"拘押"、例（9）中的"收缴"，一般是指由警察局、检察院等国家机关依法对触犯国家法律的人执行必要的法律规定和命令。例（10）中的"申领"是指有职业的特殊人群向国家机构申请领取居住证。例（11）和例（12）中叙述了行为主体向司法机关"检举"他人职务犯罪行为或自己"认罪"。这些词语基本上是由我国司法机构的不同部门执行或者监督，表明了特殊的职业权力使用范围。

在各种不同的交际场合中，我们觉得有必要强调一个特殊的场合——学校，也包括课堂、教师办公室等。1980 年霍夫斯泰德（Hofstede）提出的"权势距离"（power distance），是指人们对权力分配不平等状况的接受程度。比较愿意接收这一状况的为强权势文化（large power distance），相对不愿意接收的为弱权势文化（small power distance）。中国及大多数亚洲国家属于强权势文化范畴，呈纵向式差序格式，人们对权威一般持敬畏态度。（Hofstede，1980，转引自郁小萍，2003）师生关系正是处于这种权威下的一种非平等状态。学生对教师非常尊重，甚至敬仰。而教师因为国家赋权于教师，具有强权势地位；其次因为教师"闻道"在先，术业有专攻，而学生处于"无知求学"的状态，教师对学生拥有奖惩权、强迫权、专家权、参照权、合情合理权等权利（林新明，2007）。这样老师和学生之间就天然地形成了一种权势的关系。例如：

（13）1919 年中国邀请约翰·杜威和柏特兰·罗素来北京大学和其他地方讲学。他们是到中国来的第一批西方哲学家，中国人从他们的讲演第一次听到西方哲学的可靠说明。

（14）"乡下郎中"出身的郑伟达，今年 38 岁，中学毕业后钻研祖传《郑氏验方秘传》，虚心向名老中医求教，先后发表医药学论文 30 多篇，两次获得省、市中医学会荣誉证书和科技发明进步三等奖。

（15）左邻右舍的妇女们纷纷向她求教，现在全村有百十户家干上了笼养鸡，妇女的心思从多生孩子转向了多挣钱。

例（13）和例（14）、（15）中的"讲学"与"求教"传达了一种"师生关系"。权势等级中的师生关系，我们可以分为两种：狭义的理解，即指这种关系是持续性的，如在类似于学校、研究所、培训中心、工厂车间等场所，老师和学生的关系是较为固定的师生关系（师徒关系）；而广义的理解，则指这种关系是暂时的（临时性的），如例（15）中的"求教"所承担的语义角色，而且这种师生关系不是单纯地局限于学校课堂上形成的显性师生关系，而是可以存在于其他文化知识领域的，泛化为在知识、技能、经验、修养等方面高人一筹、受人敬仰的人与求教者之间一种暂时的隐性的师生关系（师徒关系），例如：

（16）沈钧鉴是南舆大学唯一的院士……他是学校的活招牌，历届校领导无不推崇，都敬他三分，领导们每次讲话的时候，多半要用这句"我们南舆，能够培养出像沈钧鉴院士这样的精英学者，无疑证明了我们南舆……"

（韩梦泽《大学》，《小说月报》2011 年第 1 期）

（17）当孩子进入小学后，家庭就尽量创造一个能让孩子独立生活和独立学习的环境，并培养孩子自己料理自己的生活。凡是孩子可以自己做的事情，不包办代替。

（18）茅盾强调文艺推动社会改革的思想启蒙作用，主张文艺应该真实反映社会生活。茅盾还主持《小说月报》的编辑工作，培养了一批文学新人。

对于"培养"这样的动词，我们发现，在"施事＋培养＋受事"结构中，动词的行为主体可以是以集体形式出现的，如例（16）中的"我们南舆"，例（17）中的"家庭"，施事不一定是动词的直接行为主体，但是施事又是提供受事知识、技能、经验等方面训练机会的主体；也可以是以个人身份出现的，如例（18）中的"茅盾"，他是以一位潜在的教师身份出现在句子中的。我们再分析一下例（17）中的施事角色"家长"。在一个家庭中，家长和子女之间的角色关系也是根据场合的改变而改变的，如"抚养"倾向显示父母和子女之间生活上的亲缘关系，"培养"倾向显示父母和子女之间的输出知识与接收知识的关系，更像是一种广泛的师生关系的体现。

综合上述情况，我们发现，能够反映师生等级关系的动词在语义上都有一个共同的特点——传道、授业、解惑，也就是对师生关系的广义理解。

三、从年龄长幼的角度确立的划分依据

中国自古以来就是注重等级关系的社会，历来就有"长幼有序、敬老孝悌"的观念。这在亲属称谓语和其他称谓语的使用和演变中就可见一斑。根据我们的观察，由年龄辈分构成的等级关系的动词数量不是很多，例如：

（19）他和英国籍的妻子秋茉莉是抗战时结识并结婚的，他们都是记者，膝下无儿女，就抱养了一双中国儿女，组成了一个典型的中国式的家庭。

（20）她似乎有了寄托，如慈母怜爱亲子般爱护它们。

（21）1992 年 5 月，65 岁的赵天衡告别心爱的工作岗位，光荣退休了。老伴及子女们松了一口气，认为他现在该安享晚年，不再劳累奔波了。

（22）我是家里最小的一个孩子，唯一的男孩儿，自小三个姐姐对我疼爱呵护，我们姐弟之间感情很深。

（白描《被上帝咬过的苹果》，《十月》2011 年第 1 期）

（23）小强不还手，抱头缩在角落里任晓峰打他。但晓峰只打了几下就无法再下手了。一直以来，他待小强如亲弟，疼爱有加。

（李东文《桥上的新娘》，《十月》2011 年第 1 期）

（24）在广大城市和农村，还有许多妇女义务赡养孤寡老人和收养孤儿。

（25）以前她们家里、地里两头忙，累得早上都爬不起来。现在她们的儿女都成家了，也非常孝顺。"俺吃穿不愁，只想多过几天好日子。把身体练硬实了，是俺自己的福分，也让儿女少操心。"柳大妈喜滋滋地说道。

（26）他后悔不该顶撞父亲。

（《现汉》）

例（19）中"抱养"所联系的施事和受事有着辈分和年龄的差异。"抱养"是长辈或年长者照顾晚辈或年幼的孩子。例（20）中的"怜爱"在多数情况下，也体现了长辈对晚辈的爱惜之情。例（21）中的"安享"则是对年长者所处的生活状态的叙述，但是用在年龄小的主体上就不合适，如："小彬彬想在家安享童年生活，不愿意去幼儿园。"（自拟例句）。例（22）中的"疼爱"是家族辈分中姐姐对弟弟的爱护，例（23）中的"疼爱"则

是出自年龄较长者对年龄较小者付出的"爱"。例（24）中的"赡养"是指晚辈对长辈所履行的义务；而"收养"则主要指长辈对晚辈施以援手，实行救助的行为。例（25）中的"孝顺"则是家族辈分低的人对辈分高的人或年龄小的人对年龄长的人所发出的行为动作。例（26）中的"顶撞"，多是晚辈之于长辈，如果顺序颠倒过来的话，如例（27）。

（27）甲：你还敢顶撞我。

乙：呦，小毛孩一个，你有什么资格说我顶撞你啊？

（自拟例句）

例（27）透过动词"顶撞"的使用，角色乙的反驳，我们可以推断出在年龄上，乙比甲年长。

第二节　动词中等级关系的类型

动词是语句的核心，动词所反映出的等级关系就能够说明交际中的角色关系、场合等因素。罗杰·布朗和阿伯特·吉尔曼（1960）认为要求有一个每个人的相对权势都在其中规范清楚的社会格局。不仅如此，费希曼（Fishman）（1965）在探讨多语环境下不同领域中所构成的角色关系、话题控制和场所对语码的转换起到什么作用时，指出在特定社会、特定时间里，各个领域可以区分成特别关键的或典型的角色关系。比如，家庭领域中的祖父—祖母、祖父—母亲、祖父—孩子，宗教领域中的教士—教区居民、教士—教士等角色关系，课堂领域中的教师—学生等角色关系，法庭领域中的法官—原告的关系，职场领域中的雇主—雇员的关系，都是指各种不同领域中的特殊的角色关系。而这些角色关系正是构成权势不对称的主要因素，人们需要根据角色的变化选择适当的"对上"或"对下"的词语使得交际顺利进行。费希曼还认为在一个特定的多语环境中，按被认为是对该环境最有启示性的特殊领域内部的主要角色关系来叙述和分析语言用

途或语言选择，肯定是理想的。①（祝畹瑾，1985）

　　由此，我们发现在不同的交际场合中，由于行政职务的高低形成了上下级关系，由于国家权力机构的权限大小形成了优势和劣势的关系，由于职业所赋予的特殊身份以及拥有知识的多寡形成了师生关系，由于年龄的差距和家族辈分的高低形成了长幼关系。如果我们将这些不同类型的等级关系视为对现代汉语中能够反映等级关系的动词的分类依据，那么，可以将动词划分出四类等级关系。

一、职务形成的上下级关系

　　我们先从称谓系统看看对职务的研究。职事称谓是指根据对方的职位身份来称呼对方，这在中国有着极长久的历史。清梁章钜《称谓录》卷 9 至卷 32 所载几乎全是职事称谓，从天子、列官到师傅保、军机处，再到书吏、百工等职事都给予详尽的描述。以职事（当然是比较重要的职位）称对方，这实际上也是一种"尊人"的文化心理表现。古人称呼对方一般不直呼其名，而是称字、称地望②以及称职位，以示敬重。以唐宋的一些著名文人称呼为例。

　　称地望的如：

　　孟浩然：襄阳人，世称孟襄阳。其诗歌集就叫《孟襄阳集》。

　　柳宗元：河东人，世称柳河东。其诗文集就叫《柳河东集》。

　　王安石：临川人，世称王临川。其诗文集就叫《王临川集》。

　　称官职的如：

　　王维：曾官尚书右丞，故世称王右丞。其诗集叫《王右丞集》。

　　杜甫：曾官检校工部员外郎，故世称杜工部。其诗集叫《杜工部集》。

　　高适：曾官散骑常侍，故世称高常侍。其诗集叫《高常侍集》。

　　在现代汉语中，人际交往时称字、称地望等现象已经极为罕见了，但是根据职务的不同，上下等级关系之间的称呼用法依然存在，而且在正式的、严肃的场合，这种职务称呼如果使用不当，也会带来交际上的混乱和困扰。

---

　　① 一般来说，对差异显著的角色变体以及话题变体和场所变体的组合的验证是划定领域的必要条件。

　　② 魏晋以下，行九品中正制，士族大姓垄断地方选举等权力，一姓与其所在郡县相联系，称为地望。

在当代中国社会中，组织资源、经济资源和文化资源这三种资源的拥有状况决定社会群体在阶层结构中的位置以及个人的综合社会经济地位。那么依据这个阶层划分原则所勾画出来的当代中国社会十个阶层中，第一个就是国家与社会管理者阶层。这个阶层指在党政、事业和社会团体机关单位中行使实际的行政管理职权的领导干部，是整个社会阶层结构中的主导性阶层。那么，从社会语言学的角度进一步分析社会职务的高低带来的等级关系，即由于行政管理职务所赋予的等级地位，形成了领导与下属、上级与下级的等级关系。这种由职务带来的等级关系动词可以分为两种：

（一）上级对下级使用的动词

这些动词如下：

爱惜	爱护	安插	安排	安置	拔取	拔擢	器重	把舵
把关	罢黜	罢官	罢免	罢职	摆布	同意	班师	颁发
颁奖	颁授	颁赠	包办	包庇	包保	提升	保送	批复

以上动词举例如下：

（28）宋仁宗很器重包拯，提升他为枢密副使。

（29）1994 年，原国家计委批复同意所属宏观经济研究院等 7 个单位联建科研办公楼⋯⋯

例（28）的"器重""提升"和例（29）的"批复""同意"行为动作的施事者均是具有行政职务权力的人或机构组织，处于上级地位。

（二）下级对上级使用的动词

这些动词如下：

护从	安排	回报	交代	荐举	保举	进献	进贡	举荐
惊动	开恩	汇报	匡助	扈从	瞒报	冒犯	面呈	膜拜
密报	密告	讴歌	攀附	辅佐	攀缘	捧场	启禀	请安
求和								

以上动词举例如下：

（30）唐继尧重任云南省主席，土匪头子吴学显成了他手下的军长，并保举曲焕章为东陆医院中医部主任。曲焕章的事业开始顺利发展。

（31）晚饭后，温家宝也不愿休息，他要求安排两个县委领导汇报有关工作。

例（30）中"保举"和例（31）中"汇报"，这些行为动作均是指向高一级的人或机构组织，施事者处于下级地位。

总之，由于行政职务的特殊性而赋予权力，形成了一种明显的等级关系，处于不同地位的双方进行交际时，那些体现等级关系的词语适时、适当的使用，既可以保全地位高的人的面子，也可以体现地位低的人的谦卑，使交际顺利进行，使任务圆满完成。

二、职业的特性形成的权力强弱关系

不同的语境实际代表着不同的交际领域或社会领域。对不同交际领域或社会领域的语言进行研究，称之为"领域语言研究"（李宇明 等，2004）。邢欣（2004）认为人们的职业、活动范围反映到语言中，形成了领域语言变体。这种变体也可称为领域用语，是指不同的职业、专业、爱好、政治集团、宗教信仰等有各自的领域术语或一些特殊的用语。领域语言包括行业语言和职业语言。张黎（2007）指出领域语言的特殊性是由构成该领域交际行为的场景、交际参与者、交际题材（目标物）这几个要素决定的。领域语言可以看作是在特定的场景（行业或职业场景）中，至少有一方参与者是职业人士，进行有关行业或职业领域内的特定话题的交际时所形成的语言。

职业是指从业人员为获取主要生活来源所从事的社会工作类别，它是劳动者参与社会经济活动的直接体现（张元，2000）。2015 年出版的《中华人民共和国职业分类大典》里将我国的职业分为 8 类：党的机关、国家机关、群众团体和社会组织、企事业单位负责人；专业技术人员；办事人员和有关人员；社会生产服务和生活服务人员；农、林、牧、渔业生产及辅助人员；生产制造及有关人员；军人；不便分类的其他从业人员。这 8 类是这样排序的：脑力劳动者、部分脑力劳动者和部分体力劳动者、体力劳动者。

早有东汉史学家、文学家班固把古今人物归入其《汉书·古今人表》的"九品量表"之中，分为上（上智）、中（中人）、下（下愚）三等。在每个等级中又分为：上上、上中、上下，中上、中中、中下，以及下上、下中和下下各三等。这大概就是后人分三六九等的源头。三六九等只是一种说法，古代也有说人分十等的：一官、二吏、三僧、四道、五医、六工、七匠、八娼、九儒、十丐。这些说法体现了当时存在于老百姓头脑中职业的等级序列。

（一）执法机构的特权形成的等级关系

由执法机构的权力带来的动词等级关系主要分为执法方和被执法方的等级关系。在交际中，如果这两类动词使用不当，会造成交际纠纷，甚至会产生严重的刑事问题和社会不安定的现象。

我国的执法机构可以分为两大类：司法执法机构和行政执法机构。司法执法机构包括人民法院、人民检察院；而行政执法机构有公安系统、工商系统、税务系统（包括国、地税）、技术监督局、卫生局、烟草专卖局、国土局、房产管理局等三十几个执法机关。作为行为动作的控制一方，我国的执法机构在工作中常使用的动词可以显示这些部门的执法范围和特权，其中也暗含着被控制一方的绝对执行和遵守。

1. 执法方对被执法方使用的动词

这些动词如下：

捕获　惩办　惩处　惩戒　惩治　查获　逮捕　吊销　罚款

法办　拘留　拘捕　拘传　拘管　拘禁　拘控　拘审　拘押

缴获　扣留　勒令　盘查　盘诘　盘究　抓获　批捕

以上动词举例如下：

（32）（警方）对广州等倒票活动较为突出的地区展开集中围剿票贩子活动，摧毁团伙 18 个，缴获车票万余张、查获假票 7195 张。抓获的涉案人员中，刑事拘留 21 人，治安拘留 201 人，治安罚款 624 人。

（33）阜阳市监察院对全市"劣质奶粉事件"涉案人员采取刑事拘留的 45 人，批捕 5 人，立案共计 38 起。

例（32）中的"缴获、查获、抓获、拘留、罚款"是由公安机构依法办案的行为动作，动作的施事者处于等级关系中的上级地位，属执法一方。例（33）中的"拘留、批捕"是由司法机构依法处置的行为动作，动作的施事者处于等级关系中的上级地位，属执法一方。

2. 被执法方对执法方使用的动词

这些动词如下：

报案　撤诉　控告　控诉　检举　举报　举发　告状　认罚
受罚　认罪　服判　服罪　领罪　上诉　坦白　提交　送交

以上动词举例如下：

（34）北宋初设置谏院，有知院官六人，又有司谏、正言等，他们的职责已不是纠正皇帝的过失了，而是举发臣下的不法。

（35）受操纵假账和证券欺诈等指控的安然公司前首席财务官法斯托主动认罪，并同意与检控方合作，以换取 10 年监禁判决。

例（34）"举发"是由谏院官员向上一级报告情况，亦有司法效力，行为动作的施事处于等级关系中的下级地位。例（35）中"认罪"是向司法机关交代所犯罪行，行为动作的施事处于等级关系中的下级地位，属被执法一方。

（二）职业的特性形成的等级关系

除了上述的行政执法机构外，还有些特殊的职业也形成了不对称的关系，如师生关系、医患关系。这种不对称关系不是由权力、职务等因素形成，而是由于人们对知识的崇敬、对这种职业的尊重而形成的。在这里主要探讨师生之间等级关系的动词。

1. 教师对学生使用的动词

这些动词如下：

教养　教育　勉励　培养　培育　培植　培训　批改　评阅
启迪　启蒙　说教　授课　提问　调教　训练　熏陶

以上动词举例如下：

（36）茅盾还主持《小说月报》的编辑工作，培养了一大批文学新人。

（37）杨培东的实验室就在化学系的陈嘉庚大楼里，那里有秘书帮他安排日常杂务，有一帮学生受他熏陶在他手下从事研究。

例（36）中的"培养"和例（37）中的"熏陶"行为动作的施事是施教者，以抽象的或具体的方式向受教者传授知识、经验等。

2. 学生对教师使用的动词

这些动词如下：

就教　请教　求教　聆教　聆取　聆听　领教　旁听　师承
师从　师事　投师　私淑

以上动词举例如下：

（38）蒋维崧先生平生崇敬沈尹老的书法造诣，坚持沈尹老的书法美学观念，但师承而不蹈袭，在自己勤奋的艺术实践基础上，追寻独具风采的艺术个性。

（39）田老师便对他说："你天资聪敏，家学渊博，老朽无能，不能再耽误你的学业了。礼泉味经书院的刘古愚先生是有名的大儒。我已写好推荐书，你早去就教，前程无量。"

例（38）的"师承"和例（39）的"就教"中行为动作的施事是受教者，接受施教者所传授的知识、经验、技能等。

人们所从事的职业不同，而经济、社会、文化等因素又造成职业的差别，因而存在着职业上的权势概念（the concept of power）（刘书祥，2009）。职业的千差万别也就潜在着不一样的权力，有权力的执行部门，就有权力的听命者和受命者。由于工作的性质和行政执法的权力而造成职业场所中存在不对等的关系，存在着行政执法的权力机构中执法方和被执法方之间种种不对称的等级关系。在行文时，我们采用了师生之间的不对称关系和行政执法机构的特殊性而产生的不对称关系作为其中两个依据，对体现上下等级关系的动词进行了分类。

三、年龄长幼和家族辈分形成的等级关系

在人类社会中，家族是很重要的社团，在家族中存在着长幼辈分的等级差异。首先是由于"婚姻"带来的大家庭中呈现出来的"生育关系、出生先后关系"的亲属辈分的等级关系。其次，是源自家庭成员"先后"时间约束的"长幼""尊卑"关系，类推于社会，形成了以"尊老爱幼"为美德的年龄长幼的等级关系。在动词的使用中，就呈现出家族辈分和社会群体中年龄的差异而形成的等级关系。

（一）长辈对晚辈使用的动词

这些动词如下：

安分	安生	败家	保育	帮教	抱养	哺育	操心	称大
宠爱	宠溺	惦念	叮咛	叮嘱	抚爱	抚摸	抚养	抚育
关爱	关切	护短	管教	寄予	宽纵	领养	溺爱	命名

娇惯　娇宠　娇养　娇纵　眷顾　怜爱

以上动词举例如下：

（40）小到一家两代人对独生子女的娇宠溺爱和少数高干子弟仗势欺人的犯罪行为，大到许多人躺在单位、国家的怀里迟迟不愿自立，以及政治生活中一度出现的"家长制"，这些社会现象恐怕都能从"家庭文化"中找到源头。

（41）情绪也会影响孩子长高。如果父母抚爱少，经常打骂、训斥或威吓孩子，就会使孩子受到严重的精神创伤，造成内分泌失调，生长激素分泌减少，而导致生长发育不良。

例（40）中的"娇宠、溺爱"和例（41）中的"抚爱"，多是家族辈分上长辈对晚辈的，或是年龄上年长的一方对年幼的一方的行为动作。

（二）晚辈对长辈使用的动词

这些动词如下：

安享　安度　拜贺　拜见　拜认　拜扫　拜师　拜寿　拜望
拜谒　搀扶　顶撞　顶嘴　反哺　侍养　赡养　侍候　服侍
供养　供奉　孝敬　孝顺　忤逆　佛龛　健在

以上动词举例如下：

（42）在年轻人，守岁是对父母延年益寿的祝福，凡是父母健在的人，习惯上都要守岁。

（43）他不敢忤逆他的母亲，也不愿背叛他温柔的妻子。

例（42）中的"健在"是晚辈对长辈的状况的一种描述。例（43）中的"忤逆"多是用在晚辈对长辈所发出的行为动作。

四、优势和劣势之间形成的等级关系

在研究中，我们发现还有一些动词，他们与论元角色之间的权势不对等关系不完全包含在我们上述讨论的类别中，而是一种抽象的、非物质化的、和人的主观情感相关的因素，也可以形成人与人之间的等级关系。"主观性"（subjectivity）是指语言的这样一种特性，即在话语中多多少少含有说话人"自我"的表现成分。也就是说，说话人在说出一段话的同时表明自己对这段话的立场、态度和感情，从而在话语中留下自我的印记（Lyons，

1977，参见沈家煊，2001）。情感既然有"主观性"，就有"主观化"的过程。"主观化"则是指语言为表现这种主观性而采用相应的结构形式或经历相应的演变过程。爱德华·法恩根（Edward Finegan）（沈家煊，2001）提出的"主观性""主观化"研究的三个重要方面之一是说话人的情感（affection）。在此的"情感"是个广义概念，包括感情、情绪、意向、态度等情感的"主观化"过程——情感在文本中的语言实现方式，最主要和最广泛的途径是词汇的选用。因此，我们把蕴含了交际参与者的主观情感而带来的等级关系视为优势和劣势之间的关系。

福勒（Fowler）（1985）和马丁（Martin）（1985）不谋而合地将词汇层面的篇章分析过程中纯词汇的实现方式作为了首选（殷优娜 等，2005）。我们知道通过词语的选择，说话人可以在表达命题的同时，流露出或多或少的主观情感。而这种说话者的主观情感与听话者的接收能力发生了冲突或者不平衡，就会在情感、意愿、情绪、力量等方面产生不对称的权势关系，我们将这种权势关系视为优势和劣势的不对称。

（一）优势对劣势使用的动词

这些动词如下：

帮凑　帮扶　帮困　帮办　支援　支持　帮助　帮贴　帮补
济贫　济世　挽救　抚慰　放债　放账　强暴　逼和　逼问
逼债　逼迫　威吓　威迫　威慑　威胁　喝问　喝令　逞凶
制伏

以上动词举例如下：

（44）又如故事片《小兵张嘎》，故事性强，情节也很曲折，其中喜剧的场面，幽默风趣的镜头不少，尤其是嘎子路遇化装成汉奸的侦察员罗金保，拿木头枪威吓他。

（国家语委语料库）

（45）到后来，你的预言，不仅威吓我，而已真的抓住了我：铁的环儿紧扣着我的手脚，手枪的圆口准对着我的胸口，把我从光明的世界迫进了黑暗的地狱。

（国家语委语料库）

（46）治安员以为小强袭警，昏暗中身手也敏捷，三两下拳脚，把可怜的小强制伏在地。

（李东文《桥上的新娘》，《十月》2011 年第 1 期）

例（44）和（45）中的"威吓"可以显示出一种潜在的、正负的气势较量。例（44）中描述了小兵张嘎对汉奸的憎恶形成了一种正义感，而这种正义感增加了他对付"汉奸"的权势量，形成了优势地位；例（45）中"你的预言"的权势量在增加，则对我形成了一种负面效应，控制着"我"的情绪，使"我"权势量减少，构成了劣势的局面。例（46）中动词"制伏"显示出一种身体能力的差异，能力强的人控制住了能力弱的人，即优势战胜劣势。

（二）劣势对优势使用的动词

这些动词如下：

就范　赔话　赔礼　报答　报恩　报效　辜负　渴慕　恳请
恳求　恳托　拍马　感恩　认负　请求　思慕　央求　央告
佩服　央求　崇拜　崇奉　崇敬　崇仰　景仰　敬爱　敬慕

以上动词举例如下：

（47）他们却心怀鬼胎，拒绝服从中国官府的命令，使中国官府又下达严禁他们在澳门贸易的命令，以迫使他们就范。

（国家语委语料库）

（48）有的是出于强迫的，人们接受控制，是由于社会的压迫，不得已而就范的。

（国家语委语料库）

（49）高桥不得不就范，是因为李桂祥操纵了主动权，如果他再不让步，李桂祥真可能抛开他。

（国家语委语料库）

（50）你对我好我都知道。我又不是块石头。可我，只能下辈子报答你了！母亲说罢把我拉了起来，小虎，妈妈带你去吃红薯。

（唐镇《豹子》，《小说月报》2011 年第 1 期）

例（47）、（48）和（49）中的"就范"体现出迫于某种力量而使交际参与者的一方听从支配和控制，处于劣势的地位。例（50）中交际参与者是"豹子"和"我的母亲"，豹子是游击队战士，而且身体敏捷强壮，一路上都照顾和掩护着"我"和"我的母亲"，因此他拥有一种不为察觉的权威，而这种权威是不仅来自优势一方自身的能力体现，更来自劣势者一方主观态度上的映射。

在利奇（1987）所提出的语言的五种功能中，他指出语言的表达功能是用来表达使用者的情感和态度，这时，情感意义就显得格外重要。情感意义能够反映出讲话人的个人情感，包括他对听者和所谈事物的态度，通常可以借助所用词语的理性内容或内涵内容明确地表达出来。而指示功能则是指使用相应的语言形式去影响他人的行为和态度，最直接的例子就是命令和请求。当交际参与者拥有一定的财富，从主观意愿上讲，他希望借助于财富的力量显示权威的存在，那么动词的使用就是最好的佐证。

在等级关系中，优势和劣势的体现方式很多，我们主要从"主观性"的角度，对交际参与者的情感的倾向、意愿的强弱、态度的傲慢或亲和等方面进行分析和研究。

第三节　等级关系与距离关系的关联

本节主要是对语篇中等级关系动词的考察和语用分析。我们知道，社会空间的每一维度都与语言有关。一个人一旦根据这个多维空间在自己心目中的样子构建起一个模型，他就不得不在这个模型中确立自己的位置，并使自己的交际行为与一个分类复杂的交际行为系统相联系。该系统呈多维矩阵形排列，交际行为可以在这个多维矩阵上确定维度。

这四类等级的划分把表等级关系的动词纳入了一个四维空间，每一个维度并不是绝对的、独立的、排他的，在很多交际场合中，他们有重叠的区域和成分，那么当这四个维度上的等级关系有重叠甚至是冲突的时候，将以哪一种为选取的主要依据呢？

（51）甲：主任，咱什么时候开会啊？

　　　乙：人到齐了就开，再等等吧。

　　　甲：主任，我有个请求……

乙：你说吧。

甲：最近家里维修房子，想提取部分个人住房公积金。

乙：这个……好吧，明天我给分管厂长汇报一下，再答复你。

通过例（51）的对话，我们知道"乙"是"甲"的领导，职务的权势关系首先由称谓词"主任"体现出来了。第一个话轮中是对一般性话题的简单询问，语气和用词都更口语化、非正式，采用了以接近为目的的积极礼貌策略。从第二个话轮开始，"甲"选择对上的动词——"请求"，试图去影响听话人的态度和行为，这个时候社会控制功能的侧重点在于接受信息的一方，而不在于发出信息的一方（利奇，1987）。而且为了使"请求"奏效，同时又不损害被请求者的"面子"，说话者惯常在"请求"之外，还附加一些说明，甲说"最近家里维修房子，想提取部分个人住房公积金"。动词"汇报"和"答复"以对上和对下的两个方向，说明"乙"是权势关系的传递者，对上"汇报"，对下"答复"是乙尽量以"回避为基础"（祝畹瑾，1992）的策略，缓解威胁对方消极面子的程度。

（52）夏雪不服气，敬酒之后对父亲说："老爹，你不知道，郑重以前是大专，现在也是大学本科毕业了。"

老爹"哦"了一声，面色稍稍有点改变，然后很庄重地说："以后，你们每个人的进步都要及时报告我。我要知道了，就不会搞错。"

（李春平《悬崖上的村庄》，《小说月报》2011 年第 1 期）

（53）夏至的父亲召开了一个非正式的家庭会议，吃晚饭的时候，他很庄重地说了几句话。他爹平时不喝酒的，这天却打开了一瓶好酒，是女婿孝敬他的。

（李春平《悬崖上的村庄》，《小说月报》2011 年第 1 期）

（54）他们曾多次一起回母校拜访共同的老师，拜访最多的是吴坚教授。在私下里，尤其在吴坚教授面前，他们都以兄弟相称。有时，两人不能同去拜访吴教授，单独去了，也都要先向老师带去对方的问候，并先跟老师汇报对方的情况。

（韩梦泽《大学》，《小说月报》2011 年第 1 期）

在交际中，权势大的一方常常为了显示其威望和权力大多采用支配型的强势的语言形式，而权势小的一方则是通过谦辞和敬辞表现出应有的顺从和被支配的姿态。例（52）和例（53）中的"报告"和"召开"原本是属于和职务、职位有关系的一类对上和对下的动词，体现出工作场合中职务权势。现在用在了家庭场合中，从社会距离看，"父亲"是长辈的角色，具有相对的权势；但是从亲疏远近看，父母和子女的关系是很近的，附加上职务权势所赋予的色彩，更加凸显了家长式的权威和不可违抗。例（54）中的"汇报"也同样是和职务权势有关的动词，在此语境中，师生之间存在着权势，但是亲疏关系上要近些，在非正式的场合使用正式的对上动词"汇报"，更突出了对吴教授的尊敬，满足了对方的消极面子。祝畹瑾（1992）认为，表示对对方的尊敬就是承认对方的权势，对自由的要求实际上是对权势要求的一部分，因此消极面子从广义上来说就是对权势的要求。

　　图 2-1 同心圆表示四类权势关系之间的距离关系，家族辈分和年龄的权势关系是距离中心最近的一种，即权势量最轻；师生之间的等级关系次之；职业特权产生的权势关系比师生的权势关系要强；距离中心最远的是职务带来的权势量，居于最外一层，这恰恰说明行政职务带来的权势关系是等级序列中最高一层，也是要求最为严格的一层。在特定的场合中，当这些关系有所重叠的时候，最外一层的职务等级关系，以最严肃的方式凸显会话双方地位的不对等。

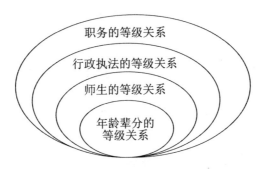

图 2-1　四类等级关系[①]的距离图

　　那么，通过对实例的分析，我们发现这四类等级关系中也存在着内部的级别，如图 2-2 所示。

---

　　① 图 2-1 中显示的四类等级关系中减去了优势劣势等级关系，而增加了师生的等级关系，是基于这样的考虑：优势劣势等级关系主要是行为动作主体的主观态度形成的，在其他三类等级关系中都有可能使用。师生关系相对而言较为固定、明确，与其他三类关系会发生交织相错的关系，更值得关注。

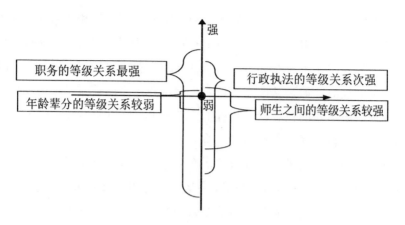

图 2-2　四类等级关系强弱关系

第四节　权势等级关系的优先选择

　　四类权势关系或等级关系不一定只是以单一形式出现在一种交际场合，总是有多种关系重叠出现的情况，比如在工作场合的父女关系、在办公室里的师生关系、在学校里的年龄辈分差异关系、在执行公务中的上下级关系或年龄辈分关系等。那么，在这种场合里，哪一种等级关系成为交际中首先要考虑的对象，对于等级关系动词的选用是至关重要的。举例如下：

　　（55）[元妃]又隔帘含泪谓其父曰："田舍之家，虽齑盐布帛，终能聚天伦之乐；今虽富贵已极，骨肉各方，然终无意趣。"贾政亦含泪启道："臣，草莽寒门，鸠群鸦属之中，岂意得征凤鸾之瑞。今贵人上赐天恩，下昭祖德，此皆山川日月之精奇、祖宗之远德钟于一人，幸及政夫妇。且今上启天地生物之大德，垂古今未有之旷恩，虽肝脑涂地，臣子岂能得报于万一！惟朝乾夕惕，忠于厥职外，愿我君万寿千秋，乃天下苍生之同幸也。贵妃切勿以政夫妇残犁为念，懑愤金怀，更祈自加珍爱。惟业业兢兢，勤慎肃恭以侍上，庶不负上体贴眷爱如此之隆恩也。"

　　　　　　　　　　（曹雪芹《红楼梦》第 18 回，人民文学出版社，1982）

例（55）中贾政和元春是父女关系，从血缘关系上讲，两个人的社会距离应该很近，在家族辈分上讲，本应元春以子女的身份用尊敬的词语与父亲交谈，但是由于元春"侍上"贵为妃，其权势强度远大于其父贾政，他们之间的权势距离是相当之大，通过来自贾政一方的名词"臣""厥职""鸠""鸦"和对女儿元春的称呼"贵人""贵妃"得以显现，另外，动词"征""赐""昭""得报""侍"体现了上下等级关系，从而拉大了父女之间社会距离。

（56）过了一会，陈老师又不死心地提起了这件事。"小赖，你看这样好不好，也不用麻烦你，我把这事写成了材料，到时先给你过目，你要是同意的话，就在上面签上你的名字，表示你认可这件事就行了，我看你也挺忙，到时就不麻烦你出庭作证了，好吗？"

[姚鄂梅《罪与囚》，《小说月报（中篇小说）》2008 年第 2 期]

汉语中礼貌标记语在交际中使用得较为普遍，例（56）中的"麻烦"为的是增加礼貌程度，缓和对听话人面子的威胁行为，但类似于"麻烦"这样的礼貌标记语并不表示交际参与者之间的社会地位。在例（56）中能够反映"陈老师"和"小赖"之间的社会关系的动词是"过目"，多用于下对上的场合。

欧文·特立普对美语中的称呼系统归纳出流程图，他指出地位和年龄是此系统中重要影响因素，并且地位优于年龄。祝畹瑾（1992）参照他的研究模式，归纳出了汉语称呼系统的流程图，她认为辈分和年龄在汉语称呼系统中起着至关重要的作用，而级别、身份和谈话的正式与否对选用称呼语也颇有影响。通过对案例的研究，我们赞同特立普的说法，更精确地讲，当以交际参与者的职务、职位为首选条件。

第五节　小结

对权势关系的再分类是为了对所研究的动词做详尽的分析而提出理论依据。在这章中，我们以角色的权势关系、场合、角色的年龄长幼差异三个方面作为依据，将表等级关系的动词分为职务等级、职业等级和年龄等级。第四类是优势和劣势的等级关系，主要是从主观心理的角度，认为权势关系也可以是一个人主观上能够或者想控制、影响另一个人，从心理因素来看，他对这个人就具有一定的权势。

通过对案例的分析，我们认为四种等级关系的内部存在着级别的高低，也就是说，年龄辈分等级关系是级别最低的，师生等级关系和职业等级关系依次增高，级别中权势量最高的当属职务等级关系。在交际中，当职务关系与职业关系、师生关系、年龄辈分关系发生冲突时，人们首先以职务等级关系为选择语言表达形式的依据。

这就意味着，"权势"并不是由社会分层后产生的社会地位带来的，任何两人之间或者组织与组织、组织与个人之间都有可能存在某种权势的不对等关系，这就像一面镜子，在等级关系中映射出彼此的地位。

第三章
互动交际中等级关系动词的
语义特征

互动交际离不开语境，邢福义（1998）在小句中枢理论中提出了小句三律，在小句成活律的第二规律中，他指出小句的生效需要意旨的有效表述，即通过所用的小句有效地把说话的意旨或意图表述出来。这就需要内部和外部两方面的因素共同完成，其中内部因素涉及成分之间的搭配关系和语法手段使用的正确性；外部因素则是指语境，即对话语境和上下文语境。互动交际行为往往体现在语境中，权势不对等的交际也体现在语境中，交际的过程就是人际关系调节的过程，交际意图的表达与理解受制于人际关系，因为人际关系决定了交际内容与形式的合法性；同时，交际双方也根据人际关系做出相应的反应。交际是建立与调节双方权力对比关系的过程，并提出了"方位"（place）的概念，好似一条垂直线，互动双方在这条垂直线上争夺：一方处于高位，就意味着另一方处于低位。吕叔湘（1987）及胡裕树、范晓（1995）都认为，动词是语法研究中第一号重要问题，动词是句子的中心、核心、重心，别的成分都跟它挂钩，被它吸住，而且动词在句法结构中活动能力最强，大部分词类都要跟它发生一定的结合关系。马庆株（1997a）则通过分析动词与之搭配的人或物的不同，而将动词分为对上类动词和对下类动词两种，他的分类依据是在汉语语言心理上由于发话人与受话人的地位差异，发话人根据与受话人地位的不同关系而选用不同的动词。由此可见，在互动交际中，对动词等级关系的语义特征进行分析很有必要，不仅可以突出动词本身具有的动相特征，而且对动词所承担的名词性成分给予充分的解释。而这些动词的功能变化都与小句中枢说中提到的语境相关，可以归结到权势不对等的语境中。

通过对《现汉》中动词的考察，发现有一部分具有表示上下等级关系的含义和用法的动词，约有 1300 个，例如：

上对下动词：

器重　罢黜　罢官　罢免　吊销　罚款　拘禁　拘控　拘审

班师　颁发　传授

下对上动词：

荐举　保举　进献　开恩　汇报　扈从　冒犯　面呈　膜拜

密报　攀附　赡养

我们将等级关系动词的句式结构简化为：

A. SVO：施事（受事）＋动词＋受事（施事）

B. SVOO：施事＋动词＋受事＋与事

A 类句式中等级关系动词的使用举例如下：

（1）利辛县纪王场乡派出所副所长彭志忠等人非法拘禁上访村民丁作明，造成丁作明被打致死案。

（2）蒋介石之所以器重吴国桢，固然是由于吴毕业于美国，与美国政界有相当的联系。

（3）这里的神们都很有钱，但他们却无一例外地膜拜着另一尊大神"财神"，家家供着赵公元帅。

例（1）中的"拘禁"和例（2）中的"器重"都是表示上对下的动词，例（3）中的"膜拜"是下对上的动词，这些句式均是 SVO 的句式。

B 类句式中等级关系动词的使用举例如下：

（4）发奖程序完成之后，学校要向每一名毕业生颁发毕业证书。

（5）师傅把那门手艺传授给了小儿子/那门手艺师傅传授给了小儿子。①

（6）傅是杰总队长和李宏建副队长多次秘密赴福安实地了解情况，并跟厅领导及时汇报案件进程，厅领导对实施抓捕是慎之又慎。

（7）原来蒋介石是兼这个长洲要塞司令的，东征出发时，他保举林振熊代理司令职务。

例（4）中的"颁发"、例（5）中的"传授"是表示上对下的动词，例（6）中"汇报"和例（7）中的"保举"是表示下对上的动词，这些句式均是 SVOO 的句式。

动词为一个句子提供了复杂的句法和语义信息，它决定了一个句子可能的句法结构或句法框架，也决定了那些与之共现的名词性成分的语义特征和选择限制（王葆华，2003）。

---

① 本例句来自范晓，朱晓亚，1998，《三价动词形成的基干句模》，汉语学习，6.

第一节　动词等级关系的生命度分析

一、动词中等级关系分析

左芳菊（2007）在对"老""旧"与同一名词匹配的特征中，通过语用辨察发现，"老"在具体语言表达中带有强烈的情感倾向，可以分为用于表长辈的称谓前和用于同辈或晚辈名词前。这就可以验证词语的搭配中会有等级关系含义的表述。在有生命义的词语中，动词表现出人类专有的动相（马清华，2001）。无论是出于礼貌的规范还是出于对对方的敬重或自己的谦卑，人们对选择词语的慎重能够体现出互动交际双方的身份、地位、年龄、辈分和性别等方面的信息。

通过对《现汉》动词的研究并筛选出大约 1300 多个具有等级关系的动词，我们发现这部分动词中不仅包含有生命义，更重要的是还有等级义。

上对下动词：

表彰　保送　嘉奖　选派　犒劳　分配　录用　辅导　讲授

宠爱　追赠　抚养　遣送　娇纵

下对上动词：

参劾　参谒　呈正　归顺　迎候　爱戴　忠于　拜望　顶撞

侍养　敬仰　仰慕　尊敬　恳请

例如：

（8）郑国使臣老远地跑来犒劳军队，这说明郑国早已有了准备，要偷袭就不可能了。

（9）南京临时政府成立后，孙中山为了表彰邹容的功绩，追赠他"大将军"的荣衔。

（10）又像是一位大大的首长，在和蔼可亲地勉励小小的下属，为的是使下属能够心怀感激，诚惶诚恐地明白——这件事交给你办，那可是对你的倚重，否则这份"工作"早分配给别人了……

（梁晓声《生非》，《小说月报》2011 年第 1 期）

（11）"文革"伊始，她的父母就因为是"黑线人物"被打入了另册，八年中不断转移劳改地，最终被遣送回了她母亲的原籍。

（梁晓声《生非》，《小说月报》2011 年第 1 期）

例（8）中的"郑国使臣"和"军队"的关系与例（9）中的"孙中山"和"邹容"的关系显而易见地表明，施事是具有一定行政职务或强势权力的人，而受事或与事则是地位较低、职务较低或弱权势的人，而且动词"犒劳""表彰"和"追赠"本身也具有上对下的行为动作之义，恰当合理的词语搭配强化了动词中所能够体现出的等级关系。例（10）中的"分配"和例（11）中的"遣送"，表明了不对称的权势关系，即上对下的行为动作，其中"遣送"使用在被动句中，看似是强调了受事动作的承受者，而缺少了论旨网络结构中的施事者的论旨角色，然而我们可以通过动词的语义特征知道，缺省的施事者是地位高于受事者的一级组织或机构，才有这样的权力将"负罪"之人"遣送"回原籍。

二、等级关系动词中生命度分析

等级关系动词不仅具有[＋等级]的语义特征，也具有[＋有生]的语义特征。这些特征都与由动词构成的小句中名词的生命度有关。名词性成分[＋有生]所能够充当的语义角色，即施事是具有生命度最高的人或由人构成的组织、团体，同时也具有很高的施动力，即能够发出行为动作的能力或潜能；而受事或与事有可能是生命度最高的人或由人构成的组织、团体，也有可能是抽象的信息、精神或者具体的事物。

王珏（2004）也提到了体词有生性的问题，他指出在谓宾句中，主动词对谓宾的控制，实际上是主动词的主语作为控制者对谓宾动词的主语的控制，而控制者的控制强度主要取决于有意性、生命性与权威性。袁毓林（1991）也注意到了动词的述人性，认为述人动词表示人的动作、行为、状态、变化等。马庆株（1997a）进一步对指人名词和动词的等级关系做了描述，以指人参与者角色的关系分出了非涉人动词和涉人动词两大类，在涉人动词里包含非述人动词和述人动词，将述人动词细分为对上动词和对下动词，以此来说明人际地位的不对等关系。本书在他们的基础上进一步发现了动词和名词的组合中有生命度和等级关系的搭配现象。据此，通过观察等级关系词在小句中与名词的搭配，发现具有有生命特征的动词中所体现出的等级关系有些是词语自身就具有的意义，同时也离不开句法中其他成分所担当的语义角色。例如：

（12）唐宪宗即位以后，对政治进行了一些改革，任用了一些像李绛那样的正直的大臣当宰相。但是他仍然宠信宦官。他想讨伐藩镇，用一个宦官头子做统帅。

（13）他教育下属的时候，常说的一句话是："关键要内在素质，把着眼点放在跟自己打擂上，只要你具备了一定条件，机会总是有的。"

（王正昌《朋友》，《小说月报》2011 年第 1 期）

（14）我深爱着我英俊又英雄的父亲，但我无法不以十倍的爱景仰和感谢我的豹子叔叔！

（唐镇《豹子》，《小说月报》2011 年第 1 期）

（15）房仲宪见他言不由衷，就笑了："老陈啊，你别担心，这事扯不到你脑袋上，本来就不算什么嘛！"陈秉泉哈哈一笑道："我没想那么多，都是工作嘛！老马那里怎么回事？早上气呼呼的，我以为他和我过不去呢。"房仲宪道："挨批了呗！"

（韩梦泽《大学》，《小说月报》2011 年第 1 期）

在例（12）和（13）中"任用""宠信""教育"所承担的语义角色——施事和受事均是生命度最高的人，但是它们在这里的施动力不同，即施事的施动力高于受事的施动力，而且这三个动词都是上对下的动词，这就决定了他们的等级搭配关系：施事是比受事地位高、强权势的人。例（14）和（15）的"景仰""挨批"①所承担的语义角色——施事和受事均是生命度最高的人，而且这两个动词都具有下对上的意义，这就决定了他们的等级关系：受事是比施事地位高、强权势或具有优势的人。

分析以上例句发现，上对下或下对上的语句形式满足两个条件：第一，施事和受事都是生命度最高的人；第二，动词具有［＋生物］和［＋活动］两

---

① 此处"景仰"是心理动词也是二价动词，心理活动所涉及的人或事成为对象更恰当，但为了行文一致明了，此处也以受事而论。"挨批"的施事一般不出现，是缺省形式，但不影响我们对词语和语句的理解。

项语义特征，即[＋动作＋行为＋变化＋状态＋属性]，并含有等级关系的意义。在对信息的理解上，这两个条件之间是互选和互限的，而且施事和受事的位置是不可随意置换的。

在体现等级关系的词语中，动作的主体发出者能够主动实施这些行为，并且有意识、有能力控制客体，因为他们具有[＋生命]的语义特征，进而能够深刻地体现出有生动词的施事、受事或与事之间客观存在的等级关系。

在研究中发现，在词语组合搭配中，等级关系动词的行为主体都是由指人的名词性成分来承担的，无论是行为义、致使义、心理义、给予义，能够体现等级关系的动词都需要有生义的主体来行使、完成这些动作。然而，能够体现等级关系的动词的受事或与事可以是有生义的客体，也可以是无生义的客体。

通过对词语的组合搭配分析，发现含有等级关系的动词对行为主体和客体的选择是有语义限制的，这种限制是由客体的有生义或无生义、抽象的或具体的等因素决定的。本文研究中，主要以对下动词和对上动词为分支，分别从 NP（＋有生）+动词+NP（＋有生）、NP（＋有生）+动词+NP（－有生）、NP（＋有生）+动词+NP（＋有生）三个结构中考察等级关系动词的语义特征。

第二节　上对下动词生命度的语义特征

动词的等级意义实际上也反映了互动交际中的社会地位问题。甘柏兹（1989）认为在互动交际中，交际意图才是交际的核心，即说话人在一定类型的社会活动中用言语表达出来的、可被社会其他人辨认的交际意图。从本质上说,动词的等级关系体现的是一种社会中的互动交际行为。欧文·特立普（1964）曾强调交际参与者的重要特征具有社会学属性，它们包括：性别、年龄和职业而定的参加者的社会地位。（祝畹瑾，1985）权势关系是一个高度抽象的、概括的、普遍存在的社会关系，简而言之，即上下等级关系，是社会关系中的垂直关系。为了对动词的等级关系分类做更加详尽的阐述，并进一步观察动词的语义特征，可以将交际参与者所处的权势等级关系分为以下四种类型：由角色的职务高低产生的等级关系、由角色的职业特性产生的等级关系、由年龄辈分产生的等级关系和由优势劣势产生的等级关系。这四种关系可以体现在下述的三种结构中。通过对《现汉》的考察发现，述人动词除了与名词的生命度有关系外，实际上动词本身的等级关系也极为重要，上对下动词的等级关系可分为职务等级关系、职业等级关系、年龄辈分等级关系、优势劣势等级关系，这类动词在等级关系中动词约占 66%。

一、NP（＋有生）＋动词＋NP（＋有生）

这样的结构里，动词体现的是等级关系，名词体现的是生命度，他们与上述的职务等级关系、职业等级关系、年龄辈分等级关系、优势劣势等级关系都有关联；同时，能够体现等级关系的动词都是与有生命义的名词性成分分不开的。袁毓林（1991）也指出从组合特征上看，由述人动词做谓语的主谓词组，主语是指人的名词性成分。

（一）职务等级关系

职务等级关系是指由公务活动构成或者职场活动构成的等级关系，即上下级关系。

（16）唐太宗对杜正伦曾经是很器重的。

（17）6 月 25 日，省体改委下文批复同意试行，使威远建材公司得以诞生。

语言不仅可以反映社会关系，还可以构建社会关系。例（16）的"器重"和例（17）的"批复"可以发现行为动作的施事均是具有行政职务权力的人或机构组织，处于高权势的地位，这些动词的受事亦是生命度最高的人或者机构组织，处于低权势的地位。正是这类等级关系词语在特定的语境中有选择性地使用，这种具有支配性的权势地位始终存在。

（二）职业等级关系

不同的语境代表着不同的交际领域或社会领域。对不同交际领域或社会领域的语言进行研究，称之为"领域语言研究"（李宇明 等，2004）。那么，领域语言可以看作是在特定的场景（行业或职业场景）中，至少有一方参与者是职业人士，进行有关行业或职业领域内的特定话题的交际时所形成的语言。本书所分析的职业等级关系中再细分两类为：行政执法等级关系和师生等级关系。

1. 行政执法等级关系

行政权力是政府各级行政机关依靠特定的强制手段，执行法律，制定和发布行政法规，在法律授权的范围内对全社会进行社会管理。

（18）全市共查获盗窃、抢劫等犯罪分子2200余名，摧毁盗窃、抢劫犯罪团伙540余个，端掉犯罪窝点140余个，破获盗窃、抢劫案件4000余起，缴获赃款赃物总价值近300万元，进一步稳定了天津的局势，有力地配合了正在开展的双增双节活动。

（国家语委现代汉语语料库）

（19）初中毕业不能升高中，我便跑到外面鬼混，几次被公安局拘留，每次都是阿妈和小妹流着泪领我回家。

（国家语委现代汉语语料库）

例（18）中的"查获、破获、缴获"和例（19）中的"拘留"都是行政权力的主体对公民或者不同的社会组织和社会集团发出的行为动作，而这类行为动作正是由国家宪法法律所授予的行政权力，属执法一方，构成了上对下的等级关系。

2. 师生等级关系

师生关系、医患关系也是职业特殊性决定的一类不对称关系。在师生关系中，教师在教育教学中发挥着主导作用，引导学生学习并促进其发展的一种力量。教育教学的规律表明教师是知识的化身，也是权势的化身。

（20）教学中教师的主导作用，主要就是通过教师的言语点拨来实现的。

（国家语委现代汉语语料库）

（21）据有关人士透露，尼波尼亚奇教练计划看过三四次训练课后，便亲自执教，在上海训练20天后，即移师至昆明海埂训练基地。

（国家语委现代汉语语料库）

例（20）中的"点拨"和例（21）中的"执教"这两个行为动作所承

担的施事是具有法律、社会所赋予的权势，代表着一定知识、经验、阅历以及传道受业解惑的能力，在师生关系中构成了上对下的不对称关系。

（三）年龄辈分等级关系

在家庭中，首先，是由于"婚姻"带来的大家庭中呈现出来的"生育关系、出生先后关系"的亲属辈分的等级关系。其次，是源自家庭成员"先后"时间约束的"长幼""尊卑"关系，类推于社会，形成的"尊老爱幼"年龄长幼的等级关系。在动词的使用中，就呈现出家族辈分和社会群体中年龄的差异而形成的等级关系。

（22）溺爱孩子往往表现于家长对孩子的娇生惯养，百依百顺，包庇护短，思想不经过任何困难不付出任何劳动而获得人间的幸福。

（国家语委现代汉语语料库）

（23）在有老人的家庭中，父母更要注意处理好家庭中的人际关系，要说服老人不要偏护孩子，尤其不要拦阻父母处理儿童的行为问题，以免儿童学会利用老人的偏袒抗拒父母的教育。

（国家语委现代汉语语料库）

（24）据她说，她一辈子的孩子并不多，就是这一个儿子，虽然说是稀少可是也没有娇养过。

（国家语委现代汉语语料库）

例（22）中"溺爱""包庇""护短"，例（23）中的"偏护"和名词"偏袒"以及例（24）中的"娇养"都是行为动作的施事为年长者，并表现出对年幼者的关爱和骄纵。

（四）优势劣势等级关系

随着功能语言学、语用学、认知语言学的兴起，语言学家们逐渐认识到：语言既可以表达客观性的命题，也可以表达言语主体的观点、情感和态度。这种"主观性"主要涉及话语或语篇中行为施事或受事一方的自我表达，也可以称之为自我印记。那么，为了表现语言的主观性，施事或受事就可以采用相应的词语来表明心理活动、价值倾向、思维意识等抽象的概念和理解。这里，我们将这种具有明显主观性的抽象理解、心理意识、情感倾向分为优势和劣势等级关系。

（25）在这种情况下，必须采取胁迫控制的形式，即通过采取一定的社会措施使受控制者察觉到如果不遵从社会行为规范，必将对自己产生不利的后果，从而在其心理上形成一种威慑力量，被迫地遵从社会行为规范。

（国家语委现代汉语语料库）

（26）战士们风趣地叫它"堵蛇头、截蛇尾、斩蛇腰"战术；还有的同志有意制造出近似枪炮声的音响筒来威慑敌人，乘敌惊慌之际，突然开火，打得敌人措手不及。

（国家语委现代汉语语料库）

（27）同现行犯罪活动作斗争，一靠法律武器，二靠威慑坏人的社会力量。

（国家语委现代汉语语料库）

例（25）、（26）和例（27）中动词"威慑"显示出一种优势与劣势之间的较量。这些行为动作的承担者都是生命度最高的人，构成了主观情感上优势劣势的不对等关系。

（28）我母亲无声的流着泪说，豹子哥，我知道这时候我说什么都没用。你就处置我吧！怎么处置都行！干啥都行！只求你放过我的儿子！不要伤害他！

（唐镇《豹子》，《小说月报》2011年第1期）

（29）薛经平就问：屋子里那些旧家具实在没地方摆了，怎么处置啊？房仲宪当即拍板：不要了，连屋子一块推平。

（韩梦泽《大学》，《小说月报》2011年第1期）

从优势劣势的等级关系的角度来分析，例（28）和（29）中的施事都是具有很强施动力的人，但是动词"处置"后所跟的名词性成分不同，例（28）中豹子是一个勇敢的游击队战士，而"我母亲"只是一位普通的农家妇女，从主观心理角度，豹子具有优势，对"我母亲"构成了某种潜在的权势，这样动词"处置"在这里具有特殊的等级关系含义。例（29）中所要"处置"的是无生命的具体物件，动词在这里不具有等级关系的意义。

二、NP（＋有生）＋动词＋NP（－有生）

等级关系动词中上对下词语后跟无生命义的事物时，也可以分为两种情况，即跟抽象的无生命事物或具体的无生命事物。

（一）职务等级关系

（30）有一名局级干部，多占住房，收受礼物，借为儿子操办婚事之机敛财。

（31）各地公安机关还给参加打击车匪路霸的干警，调配了充足的交通工具、通讯器材，保证了斗争的需要。

例（30）中的"收受"和例（31）中的"调配"后跟具体的无生命事物，生命度高的施事与具有等级关系的动词后跟无生命的事物，同样可以说明行为动作的发出者是在职务中居于高位的一方。

（二）职业等级关系

（32）不过原告身受伤害，前来投诉，贵庭有维持治安的责任，应请贵庭立即签发拘票，缉凶归案。

（33）1993 年 1 月，检察部门派出 6 名人员到大邱庄取证，不想却被非法拘留 13 时，其间还不给任何饮食。

（34）我国目前筹措义务教育经费的渠道有国家的各级财政拨款，征收教育费附加，企事业单位和公民个人的捐资和集资……

（35）1989 年高等学校共鉴定评审科技成果 7225 项，其中有 1308 项达到了国际先进水平。

（国家语委现代汉语语料库）

从职业特性产生的等级关系来看，例（32）中的"签发"、（33）中的"取证"、例（34）中的"征收"和例（35）中的"评审"的施事均是由具有特殊职业权限的机构自上而下发出的行为动作，受事则是拘票、费用、成果或者荣誉等无生命的事物。

（三）优势劣势等级关系

（36）斗争之结果，一方胜利则他方失败，被征服者为征服者所掠夺，以补其物资之不足。

（国家语委现代汉语语料库）

（37）布迪厄在倡导实践社会学上之所以失败，就是因为没有找到一种面向实践状态社会现象的途径。

从优势劣势的等级关系来看，例（36）中"掠夺"和（37）中"倡导"受事均是无生命的物质或非物质形式，但是行为动作的施事是生命度最高的国家或人，这就呈现出在国家或个人实力、知识等方面的优势，从而产生等级序列。

三、NP（＋有生）＋动词＋NP（±有生）

在主谓结构的句式中，等级关系的动词后面既能跟与人有关的名词性成分，也能跟与物有关的名词性成分的词语不多，这些动词多是二价动词，有些是三价动词。

（一）职务等级关系

（38）护乌桓校尉，统辖今张家口一带。

（39）汉朝在西域置都护府，增设 17 郡，统辖四周各民族。

例（38）中的"统辖"和例（39）中的"统辖"后面既可以跟有生命的人或人群，也可以跟无生命的事物，通过行为动作的施事和动词的等级关系的搭配，可以体现出上对下的等级关系。

（二）职业等级关系

（40）第一个五年计划的编制，中央的同志几乎都参加了，具体则由周恩来、陈云、李富春负责。计划的本子都是周恩来亲自审查的。他亲自指导编制计划，审定计划，工作非常细致。

（41）海协在函中说，据主管机关告，台湾居民李享隆有间谍活动重大嫌疑，于去年 12 月 15 日被上海市主管机关拘留审查。

动词"审查"后跟名词性成分不同，例（40）中名词性成分是"计划的本子"，即无生命义的事物；例（41）中名词性成分是"台湾居民李享隆"，即有生命义的人。而且这样的动词本身就具有上下等级关系，无论名词性成分是无生命的事物还是有生命的人，都是上对下的行为动作。

（三）年龄辈分等级关系

在年龄辈分产生的等级关系动词中，行为动作的施事和受事之间生命度的高低会影响等级关系的强弱。例如：

（42）渔民们自力更生，艰苦奋斗，自捕自繁鱼苗，精心哺育，获得了好收成。

（国家语委现代汉语语料库）

（43）有的生物，一方哺育后代会有种种困难，于是干脆在自身的进化中慢慢产生一雄一雌相守为伴的本能，并且在生产出后代之后马上"夫妻双双把家还"，一并担负起了这种属于本能的却令人类刮目相看而近乎于父亲母亲的哺育责任。

（国家语委现代汉语语料库）

（44）父母除合理哺育婴儿，还要重视家庭教育，促进婴儿心理健康发展。

（国家语委现代汉语语料库）

（45）海洋正敞开伟大的胸怀，准备着以更多的乳汁哺育自己的子孙。

（国家语委现代汉语语料库）

通过分析可以发现，生命度越高，所包含的原型施事特征就越多；生命度越低，所包含的原型受事特征就越多。例（42）中"哺育"和（43）中第一个"哺育"没有社会关系中的等级序列，因为例（42）中的受事是生命度低的生物体，例（43）中施事和受事均是生物体，"哺育"描述了动物生存繁衍的本能，也无社会关系中的等级序列；然而例（43）中第二个"哺育"，在拟人修辞手法中，体现出人类社会中长辈对晚辈的养育，具有了等级序列。例（45）使用拟人手法将海洋比拟为父母，显示了与例（44）一样的长辈对晚辈的行为动作，具有了社会等级序列。

（四）优势劣势等级关系

（46）他鄙视眼前这个人，可是这个人却掌握着他的命运，休戚荣辱，决定在这个人一念之间，这是多么不公正。

（47）他鄙视豪门，攻击市侩，反抗贵族，因而受到排斥，结果生计也成了问题。

例（46）和（47）中"鄙视"既可以跟抽象的名词也可以跟有生命义的具体名词，说明了情感发出的主体在思想境界上占有优势，以这种心理优势瞧不起客体，产生了优势劣势的等级关系。无论从职务高低、职业特性还是优势劣势的角度来考察以上例句的动词，都不难发现这样的动词本身就具有上下等级关系，无论名词性成分是无生命的事物还是有生命的人，都是上对下的行为动作。

第三节　下对上动词的语义特征

在交际中，如果交谈一方比对方处于更劣势的地位，就会表现出较弱的权势量。形成这种地位与权势差别的原因，可以是职务职位的高低、职业的差异、辈分的高低、年龄的长幼，甚至是财富的多少、学识的深浅、实力与体力的强弱等这些显性或隐性的条件，形成了下对上动词的使用，这类动词在等级关系动词中约占34%，其等级关系可以分为职务等级关系、职业等级关系、年龄辈分等级关系、优势劣势等级关系几类。

一、NP（＋有生）＋动词＋NP（＋有生）

在四种等级关系中，有些动词后跟有生命的名词成分，产生施事和受事或与事之间下对上的等级关系。

（一）职务等级关系

（48）在旧西藏，95%以上的藏族人民是世代人身依附于官家、贵族和寺庙的农奴。

（49）这时，雄鱼除了精巢组织继续长大以外，其他器官一律停止发育，最后完全退化。从此，雄鱼就依附在雌鱼身体上，过着寄生生活，靠雌鱼身上的血液来维持生命。

（50）有的企业改革型策略的实现完全依附于一两个方面的革新成果，而大多数企业则把市场营销和技术改革相结合。

例（48）、（49）、（50）中的动词"依附"由于是由不同生命度的施事和受事所承担的语义成分，使得"依附"在不同的语境中有着不一样的等级释义。在例（48）中"依附"的施事和受事都是生命度最高的人，而且社会地位有着天壤之别，这就显现出动词下对上的等级关系；例（49）中的"雄鱼"和"雌鱼"则是生命度较低的动物，"依附"没有涉人含义，就不体现等级关系；例（50）中"实现""成果"则是没有生命义的名词，"依附"自然不体现等级关系。

（二）职业等级关系

1. 行政执法等级关系

（51）"施宝"状告"喷施宝"商标侵权。

（52）"打工妹"集体状告老板雇佣童工。

（53）魏楼村不服县政府的处理决定，向民权县人民法院起诉，状告县政府。

（54）葛优将一纸起诉状递给北京市海淀区人民法院，状告北京王码电脑公司拖欠 6 万元劳务报酬。

例（51）至（54）中"状告"行为动作的受事有可能与施事不存在等级差异，如例（51）中"施宝"和"喷施宝"之间不存在等级关系，也有可能存在等级关系，如例（52）中"打工妹和老板"，例（53）中"魏楼村和县政府"，例（54）中"葛优和北京王码电脑公司"。同时，"状告"的与事也与施事之间存在着等级关系，在例（53）和例（54）中"状告"的与事出现在句中，即"人民法院"；在例（51）和例（52）中"状告"没有出现与事成分，但是通过语义判断，可以知道与事指人民法院。由此可以发现，当施事与受事之间的等级关系不是很明确的时候，与事可以进一步加强下对上的等级关系。

2. 师生等级关系

（55）北大经济系着重理论功底，他当研究生是师从张康琴教授。

（56）王明明从未进过美术院校，而是私淑于李苦禅、吴作人、蒋兆和等。这么多名家手把手相教，是他的幸运。

例（55）中"师从"和例（56）中的"私淑"后均跟生命度最高的人，因为在学识、知识等领域的差异，产生了师生之间的下对上的等级关系。

（三）年龄辈分等级关系

（57）儒家提出孝养和孝敬两个范畴。奉养双亲，满足他们生活中的物质需要便是孝养。

（58）他听了姑母的话很不满意，就顶撞了她几句。

例（57）中的"奉养"和例（58）中的"顶撞"动作的施事均是年龄辈分低的人，受事是年龄辈分高的人，这样就形成了不对等的下对上关系。

二、NP（＋有生）＋动词＋NP（-有生）

有一部分具有等级关系的汉语动词后跟受事时，通常受事是无生命的事物，可以是有形的具体的事物，也可以是无形的抽象的精神、情感。

（一）职务等级关系

（59）军机处秉承皇帝的旨意，处理军政大事及官员任免和一切重要奏章，是中国历史上中央集权制的最高发展。

（60）普布顿珠在接受记者专访时说："我很荣幸代表西藏260多万各族群众参加雅典奥运火炬在北京的传递活动。我将秉承'更高、更快、更强'和'重在参与'的奥林匹克精神，严谨、认真地完成这项光荣的任务。"

例（59）和（60）中的动词"秉承"后跟的名词性成分"皇帝的旨意"和"奥林匹克精神"属抽象名词。

（二）职业等级关系

1. 行政执法等级关系

（61）匈牙利曾申办过2004年和2008年的欧锦赛，但都以失败告终。

（62）中国公民将可以以个人名义申办船员适任证和专业培训证书。这是交通部海事局推出的八项便民利民措施之一。

（63）配合有关部门对近万家与农行有信贷关系的企事业单位的奖金、实物发放和现金库存情况进行了全面检查清理，对不符合规定发放的钱物及时收缴入库。

（国家语委现代汉语语料库）

（64）当时刘怀不但没入伙，反而向政府检举了。

（国家语委现代汉语语料库）

例（61）和（62）中的动词"申办"后跟的名词性成分"欧锦赛"和"适任证和专业培训证书"属具体名词。但是，无论行为动作的受事是抽象名词还是具体名词，动词本身就决定了上下等级关系。例（63）中的"收缴"一般是由警察、检察等司法机关依法对触犯国家法律的人执行必要的拘禁和监控，或者执行必要的法律规定和命令。例（64）中表明行为主体向司法机关"检举"他人职务犯罪行为或自己"认罪"。这些词语基本上都是由我国司法机构的不同部门执行或者监督，表明了特殊的职业权力和范围。

2. 师生等级关系

（65）学习教育学时，要认真读书，聆听教师的讲解，努力吸取前人已取得的教育科学方面的成果。

（66）齐天彪领教了宋远桥的武功之后，觉得这位宋大侠虽然身负绝世武功，但言谈举止之中竟无半点骄气。

例（65）中的"聆听"和例（66）中的"领教"，受事均是无生命的名词性成分，形成了下对上的等级关系。

（三）优势劣势等级关系

优势劣势构成的等级关系中也有些动词后跟有生命或无生命的受事时，所体现出的等级序列是不同的，如下：

（67）一墩墩葡萄藤蔓从一家家院子里伸展出来，攀附在棚架上。

（国家语委现代汉语语料库）

（68）韦涵手执镰刀，身背竹筐，翻过高坡，攀附野藤，四处搜寻，也难以找到足以给鹅群充饥的饲料，倒是好几次从洞穴里钻出毒蛇来，差点儿咬住她的手指。

（国家语委现代汉语语料库）

（69）我简直想打自己两嘴巴：这么高贵的人物，我这种贱民怎么敢妄想攀附哪？

（国家语委现代汉语语料库）

（70）她心中有的，无非是那种攀附权势的最庸俗心理！

（国家语委现代汉语语料库）

例（67）中"攀附"纯属自然生物现象的描述，不表示等级关系；例（68）中的"攀附"是人发出动作的描述，也不表示等级关系；例（69）和（70）中施事对权势具有某种特殊的心态，动词"攀附"恰恰就说明了这种权势不对称引发的对"权力"的"攀附"，体现出了施事是地位低、弱权势的主体。有些动词的等级关系，当其后跟抽象事物，而且事物与行为主体发生某种联系时，动词具有等级关系的含义；当其后跟具体事物，而且行为主体不与此物发生联系，动词不具有等级关系的含义。

在对等级关系动词进一步细分时，值得注意的是，这四类等级关系中动词的特点并不是一致的。这些动词所联系的名词性成分中能够指称物的可以分为抽象的事物和具体的事物，抽象的事物包括思想、精神、性格等方面，具体的事物主要包括命令、实物等方面；在年龄辈分形成的等级关系和优势劣势形成的等级关系中极少有无生命的名词性成分做受事，这主要是由于年龄辈分级差的构成与优势和劣势的对立恰恰源自交际参与者双方在特定的场合和情境中形成的不对等的关系，施事与受事均是生命度最高的人或者国家、集体组织等聚合体来充当的。

三、NP（＋有生）＋动词＋NP（±有生）

下面考察等级关系动词后跟有生命的和无生命的名词性成分，例如。[①]

（一）职务等级关系

（71）拥护党

拥护领袖

拥护厂长

拥护政府

（72）拥护辩证法

拥护（大会）决议

拥护（正确）路线

拥护（改革）工作

例（71）中的"拥护"后跟人或由人构成的机构组织、团体，属有生命义范畴；例（72）中的"拥护"后跟政策、措施等，属无生命义范畴，两例均表达了下对上的等级关系。

（二）职业等级关系

1. 行政执法等级关系

（73）控告同事

控告流氓

控告公司

控告人事局

---

① 此部分例子来源：张寿康，林杏光，1996，《现代汉语实词搭配词典》，北京：商务印书馆。

（74）控告（其）罪行

控告（其）恶迹

控告（违法）行为

控告（侵略）勾当

例（73）中的"控告"后跟人或由人构成的机构组织、团体，属有生命义范畴；例（74）中的"控告"后跟违法失职的行为，属无生命义范畴，行为动作的施事和与事之间因为职业特征所赋予的特殊权力而存在着下对上的等级关系。

2. 师生等级关系

（75）如今，南京一批画家师承傅抱石先生画风，结合自身在新时期的感受，把山水画推上一个高峰。

（76）毕业于上海音乐学院的杜冲曾师承于陆春龄学习笛子。

例（75）中的"师承"后跟的"画风"是无生命的名词成分，例（76）中的"师承"后跟有生命的名词成分，均表示因学识、才能形成的下对上等级关系。

（三）年龄辈分等级关系

（77）杨旭觉得自己还没有机会报答师傅，对这样一位淡泊处世的隐居者，他也没法报答。

（78）李泌趁机就对肃宗说："我已经报答了陛下，请让我回家再做个闲人吧！"

（79）你的关心使我这个孤儿感受到了家庭的温暖，我一定好好工作，报答你的养育之恩。

（80）他用实际行动报答他们的哺育之恩。

例（77）和例（78）中的"报答"后跟生命义最高的人，例（79）和例（80）中的"报答"后跟无生命义的抽象名词成分，这里表达了广义的晚辈对长辈的感激之情。

（四）优势劣势等级关系

（81）这位帝王已经文治武功冠盖寰宇，三十不到，年轻英俊，朝野臣民无不崇拜趋附，争着沾一点他的灵光。

（82）那么作为承担改造社会重任的共产党人，又有什么理由趋附歪风邪气呢？

（83）梁启超一生崇拜墨子的人格精神，自号"任公"，以天下为己任，吃苦耐劳。

（84）昏暗里，只见一对小小闪亮的眼睛，小萝卜头还没有睡，坐在门边的一张小凳上翘望着江阿姨。

（85）大家挤在人群里，翘望新世纪的晨曦。

（86）她以往都是傍晚时到这里来的，今天当一荻站在阳光下翘望这幢小白楼时，她才感到这别墅建筑的奇美。

例（81）中的"崇拜""趋附"和例（84）中的"翘望"后跟生命度最高的人，在主观情感上产生了下对上的一种顺从、崇敬的等级关系。例（82）和例（83）中的 "趋附"与"崇拜"后跟无生命的名词性成分，依然表现出有生命义的施事对无生命的抽象的受事在主观心理上的一种下对上的等级关系。而例（85）和例（86）中的"翘望"后跟无生命的名词结构，就与例（84）不同，不具有例（84）中动词"翘望"的上下等级关系的语义特征。

动词的有生义是能够体现动词的等级关系最为重要的一项语义特征。首先，动词的施事是生命度最高的人来承担的；其次，动词的受事或与事可以是以[＋活体义][＋活态义][＋文化义]为主要特征的人，也可以是事物，具有[＋抽象]或[＋具体]的特征。在研究中发现，这类既可以跟有生命的名词性成分又可以跟无生命的名词性成分的对上动词,数量不是很多。

综上所述，本章对《现汉》进行了考察，在等级关系动词和名词的生命度的搭配中，发现了动词的等级关系最主要的语义成分就是[＋对上]或[＋对下]，再细分还可以有[＋有生]或[＋无生]的语义特征。

在研究具有等级关系语义的动词时，不能忽视受事客体或与事的有生命性与无生命性。本章以主谓谓语句为主要句式，将等级关系动词分为三类：第一类，动词后只跟生命度最高的人或国家、组织机构等；第二类，动词后只跟具体的或抽象的事物；第三类，动词后既可跟人又可跟物的名词性成分，这里所指的"物"可以是具体的物件，也可以是抽象的信息、情感、命令等。通过语料的分析，我们发现在四种等级关系特征中，动词在职业等级关系和职务等级关系中都可以与涉人的有生命性的受事和无生命性的具体或抽象事物搭配。动词在年龄辈分的等级关系和优势劣势的等级关系中却极少与无生命性的事物搭配，这种现象说明了四种类型的等级关系中存在着由强减弱的排序，即职务等级关系＞职业等级关系＞年龄辈分等级关系＞优势劣势等级关系。

第四节　等级关系动词的自主义

马庆株（2005）指出，汉语动词由语义上自主与非自主的对立形成了一对语法范畴。自主动词从语义上说是能表示有意识的或有心的动作行为，而非自主动词表示无意识、无心的动作行为。马庆株（2005）在文中将动词 V 后面加上"来/去"和祈使句作为区分汉语自主动词和非自主动词的基本格式。祈使句的两个鉴定格式为 V＋{祈使}，V＋O＋{祈使}。在动词 V 前或后加上"来/去"这一格式下设定了六种相关的鉴定句式：

V＋来/去　　　　V＋O＋来/去

来/去＋V＋来/去　　　来/去＋V＋O＋来/去

来/去＋V　　　来/去＋V＋O

我们将所选出的体现等级关系的动词与马庆株所列举的单音节和双音节的自主动词和非自主动词进行了比照和考察，发现非自主动词基本上都不能体现出动词搭配中施事、受事或与事之间的社会等级关系，因为非自主动词所体现的动作行为是主体不能自由支配和控制的，是无心的行为动作所产生的变化或者呈现出的属性。而所列举的自主动词中有部分动词可以体现出等级关系，而且这种等级关系多是上对下的等级关系，也有少数是下对上的等级关系。

单音节动词中体现上对下等级关系的有：

派　考　查　办　治　雇　搜　审　调　赏　奖　教　罚

帮　评　裁　签　补　喂

单音节动词中体现下对上等级关系的有：

学　献　请　求

双音节动词中体现上对下等级关系的有：

调查　安排　领导　指挥　动员　支援　教育　批评　表扬

嘱咐　组织　驱逐　训练

双音节动词中体现下对上等级关系的有：

推荐　招待　选举

我们发现，这些自身能够体现等级关系的动词都具有[＋自主]的语义特征，动作发出者有自主意识和自由支配的能力，也具有完成行为动作的潜能。例如：

（87）对严重超员的公路客运车辆，大队领导应到现场指挥处理，落实卸客转运措施。

（88）在 1895 年中日甲午战争中，清政府派张荫桓到日本求和。日本政府认为张荫桓位卑资浅，把他驱逐出境，指名要李鸿章出面谈判。

（89）在验收大员尚没到达冯庙之前，镇政府就已急令各村突击把失学在家多年的青少年，统统"动员"回校，并由在校学生替他们赶做了各门功课的作业簿。

（90）帮助、支持计划生育协会，结合自身特点开展多种形式的宣传教育和服务，动员、引导群众实行自我教育、自我管理、自我服务，使之成为连接政府和群众的桥梁和纽带。

例（87）中施事是职位较高的领导亲临现场"指挥""处理"超员客车问题，这一系列行为动作是施事有心而为、有力而为，同时也暗含着"命令""使役"下属来完成相匹配的动作。例（88）的施事为日本政府，在历史上特殊的年代具有强权势的地位，完全能够自由支配行为动作，因此将"位卑资浅"的张荫桓"驱逐"出境。例（89）和（90）中施事均是组织机构——镇政府和计划生育协会，这些组织机构都是由有自主能力和自由支配行为动作的人组成的，所以可以以组织和机构的权威居于高位，去"动员"学生和群众完成某件事情。

马庆株（2005）指出自主动词含有自主义素，自主义素指向有生命的施事主体，而且动词语义上的自主与非自主之分往往与句子中表示主体的名词是否含[＋动物]义、是否是施事有关。为了便于对所选择的动词在研究上做出归类和分析，我们将等级关系动词的自主义定义为广义的语义特征，即施事能够自由支配、做主的有意愿的行为动作，也包括主观心理活动。

我们发现，如果我们将马庆株文中所列举的单音节动词中体现上下等级关系的动词作为词素，那么它能构成的合成词也都是有自主义的表等级关系的动词，这些动词如下：

拜见　拜认　拜师　求职　求聘　派遣　指派　支派　考察

招考　审查　抽查　办理　组办　治理　管治　雇用　搜查

送审　调集　赏赐　奖赏　求教　惩罚　帮补　评聘　评阅

裁夺　裁断　签署　签发　补贴　喂养　讲学　请教　求教

含［＋自主］义的上对下的等级关系动词多是表示"命令"或"使役"别人来完成说话人的意愿、安排和计划，也可以表示"检查""审查"某人、某事或是物件，还可以是"奖励""分发""教授"等表示给予义的动词，以及"爱戴""仰慕"等表示主观心理的动态和状况的动词。施事由于地位高、强权势、年龄长或具有主观心理的优势，具有较强的施动力来表达施事的计划、打算或促成动作行为的实现和完成；含［＋自主］义的下对上的等级关系动词多是"请求、央告、遵从、听命"于说话人，施事则是由于地位低、弱权势或年龄小，表现出扬他人、贬自己的行为原则。

第五节　等级关系动词的方向性

在英语中，像 left，right，wide，long，deep 这样的词（包括它们的派生词和同根词 width，length，depth 等）都具有方向性的语义特征。（伍谦光，1988）他举了一个这样的例子：一个五斗橱，从左到右量是"宽"wide/width，从前到后量是"深"deep/depth，从上到下垂直量是"高"high/height，那么被这些词修饰或和这些词连用的名词也一定具有相对应的方向性语义特征。再如，名词 post 和 pole，前者是"柱、桩"，有一个方向性语义特征，指垂直的而且与地面接触的棍、竿类物体；后者是"棍、棒、竿"，不具有方向性语义特征。

　　汉语动词的方向（或趋向）范畴，很多研究者已经注意到了，并提出了"趋向动词"这个词类（胡裕树 等，1995）。范晓（1995）在区别互动动词和交接动词时，指出"给"类是外向动词，"收到"类是内向动词，"商量"类是互向动词。王洪轩（1987）指出有些汉语动词具有方向性特征。在这类有向性的动词中，可以分列三个次特征——内向性（内向动词，如"买""娶"）、外向性（外向动词，如"卖""嫁"）、双向性（双向动词，如"借""租"）。

　　马庆株（1997b）认为广义的态度还包括相对方向，也叫主观方向。方向包括客观方向和主观方向。客观方向一般与说话人的态度无关，而主观方向用{来/去}表示，受说话人所处地位的制约，形成了主观方向范畴。这个范畴反映动词所表示的动作与说话人之间的关系。与说话人有关的方向是相对方向，用方位词如"前、后、左、右、上、下"及趋向动词如"来、去"表示。例如：

　　（91）你下去锻炼锻炼吧。

　　例（91）中的"下去"是一个抽象的空间趋向，可以是从机关、学校到工厂、农村去，或者从上级单位到下级单位去。

　　马庆株（1997b）认为，这种相对方向即主观方向是和态度分不开的，例如：

　　拜上　报上　呈上　递上　寄上　敬上　升上　拨下　撤下
　　发下　寄下　退下

　　然而，我们发现，上述这些动词的方向性，不仅是有趋向动词"上/下"限制，更主要的是来自动词自身的等级方向性，如"拜、报、呈、敬"是向地位高、权势强的人发出的行为动作，即属对上的方向性；而"拨、撤、退、发"是向地位低、权势弱的人发出的行为动作，即属对下的方向性。

　　从普通语言学的角度看，动词的典型概念义是表示"非对称的能量转换"（Langacker 1999：10，参见倪兰，2007），即动词所代表的能量转换是具有方向性的（石毓智，2004）。而这种能量的保有和释放均是由生命度最高的施事来完成的，同时传递给受事或与事。石毓智（2004）认为普通的动词大都具有能量转换的方向性，比如"张三打李四"中"打"的能量由

"张三"发出，传递给"李四"。

我们在研究中发现，能够体现等级关系的动词自上而下或自下而上进行着势能的传递和转换，上对下和下对上的动词在纵向的距离上有向地运动着，这种运动可以是行为动作所赋予的上下、进出的动能方向，可以是主观意识所赋予的势能，也可以是精神情绪所赋予的潜在势能。有些动词传递的是生命度最高的人，如打发、遣送、报答、护驾等；有些动词传递的是具体的信息或事物，如签发、调资、求职等；有些动词传递的是抽象的事物、情感或思想意识，如颂扬、讴歌等。例如：

（92）对于特别困难的老人，社区考虑到今年城区经常停电，专门为他们配发了应急灯。

就例（92）而言，中国人较为相信单位机构、组织、集体的权威性，那么"社区"作为集体，对社区的居民来说就是上级单位，词素"发"就传递着一种自上而下的势能，由上级单位以物质形式分发到下级部门或者个人。

再如：

（93）谢军认为，年轻棋手还没有人敢挑大梁，中国队正处在新老交替的时候，她受命挂帅复出于女队的危难之时，技术状态还需要恢复，竞赛的感觉也需要从实战中找回。

（94）市委书记得知后，当即指定市政府秘书长亲自挂帅，召集供电局、园林局、公安局现场办公，派专人抢修电路。

例（93）和（94）中"受命""指定""召集"都意为接收到来自上级组织的命令而有所作为，即自上而下的方向。例（93）和（94）的"挂帅"只是保有了领导的地位。"挂帅"的词典释义为掌帅印，当元帅，比喻居于领导、统帅地位，其并没有具体的、自上而下的行为动作，那么这一小类的动词就是居于上位而不下行的动词。例如：

（95）厂长挂帅抓产品质量工作。

（《现汉》）

在我们对表等级关系的动词进行考察后，根据它们运动的方向和传递的内容，将这些动词分为四个方向，即：居于上位的动词、居于下位的动词、自上而下的动词、自下而上的动词。

一、居于上位的动词

居于上位的动词是指保有权势地位、职务和特权，从宏观的角度统领、掌控全局，但不是具体的、有针对性的行为动作，如向下级传递命令、信息或者事物。这一小类词在所统计的动词中数量不多，但是表意很明确。这些动词如下：

挂帅	挥师	班师	挂职	秉政	秉正	秉国	秉公	摄政
摄行	摄理	执掌	执政	操控	操纵	调控	集权	专权
廉政	把持	把舵	把关	把家	担任	担当	称霸	独霸
独裁	独断	独揽	把揽	拿权	拿事	主事	管事	点头
圈阅	舞弊	当权	当政	缔交	缔结	缔约	缔盟	裁定
裁撤	裁断	裁夺	裁度	裁决	裁判	裁酌	裁编	宠信
担任	担当	带头	带领	带动	到任	到职	贪污	贪贿
贪赃	贪占	息肩	整顿	管理	管控	管辖	君临	统御
统管	统检	统领	统配	统摄	统属	统率	统辖	

以上动词举例如下：

（96）1948 年 9 月至 11 月，他和林彪一起，具体组织和指挥了辽沈战役，此后，他又与林彪挥师入关，一起参与指挥了平津战役，歼灭和改编了国民党军 52 万多人，基本解放了华北地区。

（97）进入 90 年代，每年新春正月，数十万乃至上百万农民大军操着乡音挥师上路，直逼沿海和东部大中城市，汇成一股势不可挡的四川"民工潮"。

（98）宋慈做法官时，秉公执法，慎重办案。在主审一件自杀案时，他发现自杀者死后握刀不紧，伤口又是进刀轻，出刀重，情节十分可疑。

（99）武王死后，成王继位，因年纪小，由武王的弟弟周公旦摄政。

（100）国际切叶植物出口市场，75%操控在发达国家。

（101）事实上，只要能挟天子以令诸侯，即使是一场形式上的君臣关系，但对至尊之位仍旧能操控自如。

（102）中国人民对外友好协会副会长陈永昌在致辞中说，自 1973 年中国天津市与日本神户市缔结中日间第一对友好城市关系以来，目前，中日间共缔结了 224 对友好城市。

例（96）中的"挥师"是指指挥并带领大军前进，"他和林彪"是领导者，而例（97）中的"挥师"，看似没有领导者，但却有一个隐形的领导者或一张隐形的大手，指挥着农民大军向着目的地进军。例（98）和（99）中的"秉公"与"摄政"则是指具有地位的人宏观地行使权力控制局面。例（100）和（101）的"操控"也是运用权力控制宏观局势。例（102）中的"缔结"则是国家级的外事行为，本就居于高位，没有向下的必要。

二、居于下位的动词

居于下位的动词是指处于权势的低位，只是听命服从，而没有对上实施具体的行为动作，这些动词如下：

救驾　护驾　保驾　护从　忠于　效忠　效力　效死　效劳
效命　报效　抬举　屈居　失敬　失礼　失迎　领会　领受
慑服　随从　随访　随军　随同　照办　遵照　遵循　遵行
遵守　遵从　仗势　仗恃　罢工　罢教　罢考　罢课　罢练
罢赛　罢市　罢诉　罢讼　罢演　服从　服判　服帖　受审
受罚　受检　受理

以上动词举例如下：

（103）李之龙不在局里，作战科科长邹毅接此公函，派人送到李之龙家中。李之龙见是"奉校长命令"，不敢怠慢，当即照办了……

（104）也许正因为如此，侯赛因在他执政的 40 多年里多次遇险，但总有人在关键时刻挺身而出，勤王救驾，使他本人以及哈希姆王室转危为安，遇难呈祥。

（105）有一个军阀手下的营长，他仗势欺人，惹了当地一个武林高手，栽了面子没法混下去了，改换门庭，他就来投奔鲁大帅了。

（106）"……他是你父亲生前的忘年交，又不常到咱家来，就是替你父亲陪他叙叙话儿。"我被抬举到忘年交的地位，又不免有几分受宠若惊。但是还没到忘乎所以的地步，于是我明智地站起来告辞。

从例（103）中"照办"、例（104）中的"救驾"、例（105）中的"仗势"、例（106）中的"抬举"这些动词中，我们发现动词的施事只是保存着地位低、权势弱的事实，而没有对受事或与事有意识地、自主地发出行为动作，即动词保有了一种地位低、没有权势的事实和状态。

三、自上而下的动词

行为的施事主体是地位高、强权势的人的时候，动词运动的方向就是自上而下的，即空间的运动方向和抽象的运动方向。邱广君（1999）在对有向动词研究时，指出三价他移动词的动作方向可以根据受事移动情况分为三种：

A. 受事转向施事：买、偷、抢、取、要、收等，后加"进、来"；

B. 受事转向与事：卖、还、退、交、献、寄、赚，后加"给"；

C. 受事和交换物互换："换"，后加"进、来"，即从受事转向施事，不加"给、出"，可多一个交换物，如"我用大米换白面"。

马庆株（1997b）在探讨"X 来/X 去"类趋向动词与其他动词搭配规律时，提出了内向动词和外向动词。内向动词表示受事客体进入施事主体，或进入施事主体可以控制的范围，或动作向说话人所处的地方移动，或是施事主体不能看见、感知了；外向动词则是指由主体内到主体外的移动，或从主体可以控制的地方移动到主体不能控制的地方，或由不可感知到可以感知。

等级关系的动词运动的方向依据"收获"与"失去"、"靠近"与"离开"、"进入"与"分散"的特征，分为向内动词和向外动词。

（一）向内动词

自上而下的向内动词主要指对于行为动作的施事主体来说，是一种获得、靠近说话者一方，进入组织、集体成为其中一员的行为，也就是说，受事客体向着说话者一方靠近或进入并成为其中一部分；或者行为动作造成了某种结果，这种结果是说话人可以感觉到的，即所造成的结果从不可见、不可知到可见、可知。这些动词如下：

诚聘　录取　录用　选拔　选聘　选任　聘请　聘用　招聘
招考　招录　招选　召集　招集　敦聘　敦请　追究　追查
审查　培养　抱养　领养　收养

以上动词举例如下：

（107）杰斐逊亲自监建课室、制定课程及选聘教职员，并担任校长。杰斐逊于83岁时逝世，此前一年，他终于亲眼看见由他筹建的弗吉尼亚大学招生开课。

（108）山东省东营市东营区胜园街道丁家村丁亮亮等14名农民，日前被山东奥罗有限责任公司录用，由农民变成了拿工资的工人。

（109）1949年，机务段招考9名女司机，她有幸成为其中的一员，从而成为新中国第一批女司机。

（110）郑方堃方才在小会议室召集了全体副校长，包括马原都阴着脸来了，会议的内容让所有人都感到了压力。

（韩梦泽《大学》，《小说月报》2001年第1期）

例（107）（108）（109）中的"选聘""录用"和"招考"，就行为的施事主体而言，受事客体进入了主体的区域，受其控制和管理。例（110）中"召集"是指行为客体接近、靠近行为主体。

（二）向外动词

自上而下的向外动词主要指，就行为动作的施事主体来说，具有给予、派出、远离的含义，从可感知的领域到了不可感知的领域，这些动词如下：

安插　安排　安置　处置　颁发　颁布　颁奖　颁授　颁行
颁赠　包举　褒奖　褒扬　表扬　表彰　嘉许　嘉奖　犒劳
犒赏　慰问　慰劳　奖掖　奖挹　奖赏　奖励　保举　保送
答复　答疑　打发　役使　迫使　选派　选调　调派　派遣
差遣　差使　指派　支派　指使　赈济　政审　拨发　拨付
拨款　分发　分派　分配　流放　察访　追授　追认　补贴
补助　调离

以上动词举例如下：

（111）全国人大常委会副委员长、著名医学专家吴阶平教授10月28日被香港外科医学院颁授荣誉院士。吴阶平昨晚出席了这个学院为此举行的晚宴。

（112）唐朝的强盛使它的威名传播到世界的许多地区。各国和附近各族不断派遣使臣、留学生到中国来，亚洲甚至欧洲的商人也时常云集在长安、广州等都市。

（113）国王因"参与政治动乱"被认定为自动放弃王位，被流放到荷兰。同年 12 月，莫舒舒二世表示不再过问政治后获准回到莱索托。

（114）中国已决定从粮食风险基金中拿出 100 亿元，直接补贴给粮食主产区的种粮农民。中央财政近日已拨付 9.4 亿元资金落实对种粮区农民的直接补贴和水稻良种的补贴。

例（111）中"颁授"对于行为主体来说，具有"远离"的含义，属向外动词。我们来看看由词素"授"和"受"构成的合成词如何体现等级关系的方向性，如"授奖—受奖""授业—受业""授命—受命""授权—受权"，词素"授"多指"教、给予、命令"之义，从行为动作的发出方——施事主体的角度而言，多构成向外动词；词素"受"则指"接受、获得"之义，从行为动作的接受方的角度而言，多构成向内动词。例（112）的"派遣"和（113）中的"流放"都有"离开"原来的范围或所属地之义。例（114）中的"补贴"和"拨付"多是指"给予、支出"之义，即"受损"。

四、自下而上的动词

权势的强弱差异带来了地位的高和低，致使义、给予义、心理义、行为义的表等级关系的动词就具有了自下而上的运动方向。

（一）向内动词

行为主体的动作是指由不可感知的领域到可以感知的领域，这些动词如下：

引荐　引见　特邀　受罚　受检

以上动词举例如下：

（115）有的人苦等了两个多月，竟连一个微不足道的群众演员都没当上，而他却偶然被圈内朋友引荐给一位导演。

（116）澳门会议展览业务会与澳门基金会将合办一次"澳门阅读文化节专题讲座"，特邀白先勇主讲。讲座将对公众开放，白先勇在演讲结束后还会回答听众提出的问题并举行签名会。

（117）如果发现哪个摊位有注水肉、病猪肉，不仅经营者受罚，而且责任追查到所管的工商干部。

（118）（海关工作人员）发现他进关时带了 2000 多元港币，回去时只剩 200 来块，遂怀疑他带毒品走私出境，于是命他返回检查房受检。

例（115）和（116）中的"引荐"和"特邀"含有进入某个领域、由未知到已知的认知过程。例（117）和（118）的"受罚"和"受检"均指行为动作的受事客体遭到质疑，对于自身来说是一种"负面的接受"。

（二）向外动词

这里的向外动词是从动作的主体——地位低的施事角度而言的，施事向外的情感投入、受事或与事离开主体、或主体受损，这些动词如下：

擢用　移交　送交　移送　送检　送审　认缴　认罚　孝敬

呈递　呈交　呈送　呈献　递送　递交

以上动词举例如下：

（119）调查组了解到，事故原因及隐瞒真相已基本查清：矿主马登峰等人有组织有计划地策划实施了隐瞒事件，9 名责任人被移送司法机关。

（120）然而关于国有企业破产试点的《实施意见》，他们已送审省政府 2 个月，至今仍迟迟没定，政府没有以稳健的形式下发给各市。

（121）于秀珍孝敬公婆，在当地传为佳话。1992 年，于秀珍被评为大同矿务局精神文明"十佳"之一。

例（119）的"移送"和例（120）的"送审"都指受事客体离开原来的领域进入新的领域，属向外动词。例（121）"孝敬"是指行为动作指向受事客体，即"去孝敬父母"，属向外动词。

五、垂直方向的动词

表等级关系的动词中有一些词语多与职务、职位的调动、晋升、罢免有关，表明了在等级地位上的垂直变化，在这里归类为垂直方向动词。

（一）和职务有关的降向动词

这些动词如下：

罢黜　罢官　罢免　罢职　贬官　贬职　贬谪　撤免　撤职

任免　下乡　下台　下放

以上动词举例如下：

（122）"文革"期间，高元钧受到冲击，举家被下放到干校劳动。

（123）倘若他自己没有贬官流放、荷戈出塞的遭遇，很难想象能写出这样呕心沥血的诗句。

例（122）中的"下放"和例（123）中的"贬官"隐含义是行为动作的受事本是有一定官职或职务的人，但是因为某种原因，官职被降或被免。

（二）和职务有关的升向动词

这些动词如下：

升格　升官　升级　升迁　升任　升势　升职　荣升　荣任

腾达　提升　提职　任命　任用　任职　调职　调任　赴任

擢升　提拔　提干　上调

以上动词举例如下：

（124）前两年，丈夫荣升为副主任后，有好心人劝素仙嫂换个轻松自在的工作，再靠山吃山，搞点家庭养殖，一年挣个万八千的，不比开水房这"清水衙门"滋润实惠得多啊！

（125）8月17日下午，克林顿总统的好友、一直飞黄腾达的罗杰·奥特曼满怀"遗憾"地辞去了财政副部长职务。

例（124）中的"荣升"和例（125）中的"腾达"是指由低职务向高职务的位置上升。

第六节　等级关系动词的个体性与集体性

汉语动词没有像印欧语系那样对数范畴的要求和变化，但是有一部分动词对动作发出者名词的数有一定的要求和规定。王洪轩（1987）指出动词具有单指性和多指性特征，也就是说有的动词只要有个体参与者就能实现其动作行为，如"玩""读"等；但是，有的动词就要求必须有两个或两个以上的参与者，如"勾结""研究"等。马庆株（1997a）指出有人证明动词和名词项组合当中是存在选择关系的。就是说有些动词要求不与单一个体的名词搭配，这种动词可以称为复数动词。其中涉人复数动词如"搏斗、搭伙、合作、会晤、较量、协作"等。但是我们发现这类动词都具有对等意义，不同于我们所说的体现等级关系的动词。

邱广君（1997）在对人体自移动词的搭配和语义分析中指出，动作者可以是人称名词或人体部位名词。这里，从人称名词表示的数量上看，有表多数和表单数两种情形。他例举的与表多数的名词连用的动词有"聚、集、拥、围、卷、漫、涌、兜"等。依据动作者多数的行动方式，邱广君又把动词细分群体同动（如"一齐、蜂拥、全"等）和群体单动（如"各自、先后、一一"等）。

（126）苏南一家商业企业有些职工，因在本单位没有职位或未被领导重用，感到怀才不遇，一旦有单位招聘领导职务的管理人员，他们就千方百计跳槽。

（127）为了表彰袁隆平对国家和人民做出的杰出贡献，1981年国家科委向他颁发了新中国成立以来第一个特等发明奖。1985年，联合国世界知识产权组织向他颁发了发明创造金质奖。

（128）贝尔实验室更注重培养人才，曾出现过好几位诺贝尔奖金获得者。它每年要派400人到全国200多所高等院校招收学生和研究生参加工作，还经常邀请大学教授讲学或从事一段时间的工作。

例（126）中的"领导"是一个模糊数量的集体名称，如"我的主管领导、我的上级领导"等，有了限制成分，领导的多指性特征减弱，单指性特征增强。例（127）和（128）"国家科委""联合国世界知识产权组织""贝尔实验室"是由人构成的组织机构或团体，以集体的形式和名义发出行为动作。

再看看下面的例句：

（129）汉武帝统治时，大举反攻匈奴，霍去病、卫青等将领率军直捣漠北匈奴王庭，从此解除了匈奴的威胁。汉武帝还派遣张骞出使西域，不仅沟通了西汉王朝与西域各族的关系，还开通了丝绸之路。

（130）1801年，拿破仑派遣了2.5万名士兵进军西印度洋的卡伊德岛准备镇压当地黑人。

（131）第二年，辽国驸马萧多罗率军十万进犯，杨继业派遣少数士兵固守关城，自己率军5000绕到辽军背后发起进攻。

（132）1853年7月的一天，美国派遣舰队驶进日本的浦贺港，用武力威胁叩开了长期闭关锁国的日本的大门，强迫日本签订了不平等条约。

（133）1927 年秋收起义后，他受<u>中央派遣</u>，到湖南进行<u>调查</u>，果断纠正了湖南省制订的第二次长沙暴动的冒险计划，避免了革命的损失。

例（129）—（131）中"汉武帝""拿破仑"和"杨继业"都是"派遣"这个动作的直接领导者和承担者，而且强调动作带来的结果。例（132）、（133）中"美国""中央"是以国家或组织形式发出动作，强调了施事的集体力量和权威。

体现等级关系的动词所指向的动作发出者的数是有一定规律的，即动作发出者具有个体性或集体性。个体性是指动作发出者是单个主体，代表自己的意愿、命令、使令或禁止等行为动作；集体性则指动作发出者是以组织、机构甚至是国家的名义，行使必要的权力。接下来我们就行为动作的施事的个体性和集体性，从职务等级、职业等级、年龄等级以及优势劣势等级这几个方面进行论述。

一、职务等级关系的个体性与集体性

我们所说的职务等级关系，也就是行政权，是独立于立法权、司法权的一种国家权力。它是由国家宪法、法律赋予的国家行政机关执行法律规范、实施行政管理活动的权力（张庆庆，2011）。上至国家领导人，下至科长（或类似同级别的）都具有这样的行政权，只是权限大小不同。在与动词搭配时，根据不同的语境和角色需要，有时使用个体性的人称名词，有时使用集体性的人称名词，例如：

（134）为了将功赎罪，他（苗也壮）说："我能在下午上班之前，把管理制度中有关生产事故一章和调查报告都整出来，下午上班，可以召集<u>中层以上干部</u>开会讨论，通过之后，按照规定处理。"

"那就抓紧按你说的办，通知<u>中层以上干部</u>下午开会，具体时间你看着定。"

苗也壮迟疑了一下，安排干部开会应是陆科长做的，"<u>我</u>安排开会这合适吗？"

中午快下班的时候，管理制度和事故报告都搞出来了，<u>他送去让吕总审阅</u>，马红仍在，另外还有几位客人。

（王国栋《城市猎人》，《小说月报（原创版）》2011 年贺岁版）

（135）苗也壮顺杆爬："吕总给我们带来了先进的管理方式和经营理念，大家都很敬重他。"说话间扫了一眼吕总，他眯着眼睛盯着面前的一道简单的时令小菜。

　　　　　　（王国栋《城市猎人》，《小说月报（原创版）》2011年贺岁版）

　　例（134）中使用了个体性的人称名词（隐含的施事），和单数人称代词"我""他"，说明在行政职务分工明确的情况下，不同职位的施事各司其职。例（135）中"敬重"是归属"优势劣势等级"类的动词，但是因为是使用在行政公务的交际场合，作者认为有必要做一个比较。"大家"指代工厂上上下下的职工，是个集体性的人称代词，这里不宜换成"我"，因为在这种较大的场合中，"大家"代表着在场的所有人或与其有关涉的其他人群。听话人是支配言语行为的重要因素，以听话人为"利益中心"，使用"大家"在最大程度上维护了听话人的积极面子。如果一个人单独与一位他所尊敬的学者在一起，可以用个体、单数人称，例如：

　　（136）一直以来，我都很敬重您。

　　例（136）维护了听话人的积极面子；当很多人与他们所尊敬的学者在一起时，就要用集体复数人称，例如：

　　（137）我们都很敬重您。

二、行政执法等级关系的个体性与集体性

　　职业的特殊性决定了这类动词的施事主体一般是集体性的名词，因为他们是职业权力的代表者，通常不以个体的形式出现，否则就减少了权威性，而变成个人行为。

　　（138）学校在招聘过程中将严守规范和公正的准则，应聘者提出个人申请后，院学术委员会将进行评审，对于初选的应聘对象，学校将组织校内外同行专家进行评议。

　　（139）今年以来，上海市音像管理处会同上海市工商管理局和公安部门查缴了8万余盒（张）非法盗版音带、像带。

　　例（138）和（139）中均是由授权的组织机构和团体所发出的行为动作，而不是个体的行为。在行使行政和司法的职业领域中，多使用集体性的名词性成分做主体，使用正式的、严肃的语体形式，都是为了显示主体

的行为动作的权力。而在类似于学校课堂、医院诊室等其他职业场合中，使用集体性的名词性成分指示主体，如"我们"多是为了维护听话人的消极面子，这就是人称指示语的语用移情的效果。语用移情指言语交际中说话人从对方的角度出发，设想或理解对方的用意，最后达到双方情感相通（何自然　等，2009）。

再看看下面的例句：

（140）老师临下课的时候说："我们明天考试，回去好好复习啊。"

（自拟例句）

例（140）中使用第一人称复数形式"我们"，而不是"你们"或"我对你们"等类似的形式，从说话人的角度，将听话人也归入同一个集体中，让人听起来倍感亲切，最大程度地维护了学生的消极面子。

三、年龄辈分和优势劣势等级关系的个体性与集体性

我们在这一部分将年龄辈分和优势劣势关系的等级动词放在一起考察，是出于这样的想法：这两部分词语多是与个体角色或个体的主观情感有关的，那么，动作行为的施事也多是以单一主体为主，即使有集体性的施事主体，也不会影响动词的等级概念。

我们先看看下面的例句：

（141）本村的孙和平，年幼时就父母双亡，无人管教，四处游荡，年龄不大时就开始赌博生涯，经常被派出所拘留。

（142）长期的海军生活和丧妻的悲伤使特拉普对待孩子像管教士兵一样严格，而玛利亚的率真亲切却赢得了孩子们的心。

（143）蔡伦在皇宫当了 40 多年的太监，前后服侍过 4 个皇帝，曾负责管理宫廷用品，为皇帝监制宝剑，还参与国家机密大事。

（144）学徒三年有饭吃，无工钱，不仅学手艺，还要服侍师傅，实际是承担师傅家的家务劳动。

（145）知识更新快，父辈的经验和技能已显陈旧；孩子们独立意识强，不易就范。

例（141）—（145）中的施事主体可以是个体性的，也可以是集体性的名词性成分，对于等级关系动词的使用和理解没有明显的影响。

第七节　小结

　　表等级关系的动词最主要的语义成分就是[＋对上]或[＋对下]，再细分还可以有[＋有生]、[＋自主]、[＋有向]、[＋个体]或[＋集体]的语义特征。

　　等级关系动词具有有生命义，同时也不能忽视受事客体或与事的有生性与无生性。我们以主谓谓语句即 NP＋V（对上/对下）＋NP（±有生）为主要句式，将这些动词分为三类：动词后只跟人的；动词后只跟物的；动词后可跟人或物的，这里所指的"物"可以是具体的物件，也可以是抽象的信息、情感、命令等。

　　动词的自主义是指动作发出者能够自主、自由地支配和决定其行为动作。在第四节中给出的鉴别格式中，有些动词自主义明显，而有些动词的自主义则在其他义素的影响下而不确定或隐没。无论是上对下动词还是下对上动词，其自主义素都指向有生命的施事主体。这就与我们在第一节中讨论的等级关系动词是有生命义的而且要求施事主体有生命义相吻合。这是等级关系动词中最为重要的语义成分。

　　等级关系就是一个纵向的关系，上对下动词和下对上动词在这个纵向上做着垂直运动。这个纵向关系中还包含着表示远离施事主体、受损、由可感知到不可感知的向外动词，以及表示靠近施事主体、获得、由不可感知到可感知的向内动词。

　　等级关系动词对施事主体的个体性和集体性具有某些选择限制，这些限制有可能是来自动词本身对单一和多指的要求，如"称职""爱戴"；也有可能是因为交际场合的限制，如职业场合、办公场合等；还有可能源自语境的需要，从听话人的角度考虑，为了维护听话人的消极面子。

第四章
互动交际中等级关系动词的
构词特征

等级关系动词在构词上具有明显的特征，本章我们以双音词为重点考察对象，对表示等级关系的双音词的构词特征进行分析。这些等级关系动词可以根据《现汉》中的标注分为典型的等级关系动词和一般的等级关系动词。

第一节　典型的等级关系动词

我们在对《现汉》逐页查阅时，注意到有些等级关系词语在《现汉》的释义中做了较为明确的体现上下等级关系的解释，且这些词以动词和名词为主，如：

恩宠：名 指帝王对臣下的优遇和宠幸，泛指受到的宠爱或特别的礼遇。

报请：动 用书面报告向上级请示或请求。

批文：名 （上级或有关部门）批复的文字或文件。

报表：名 向上级报告情况的表格。

我们将这样的词语归为典型的表等级关系词语；而那些需要通过语境判断出具有上下等级意义的词语，我们将其归为一般的表等级关系词语。

在对典型的表等级关系词语中的动词进行细分时，根据主谓谓语句的结构，即"施事＋动词＋受事/与事"，可以分为两种：其一，人对人的动词，即施事和受事/与事均为有生命义的人或由人构成的组织机构；其二，人对物的动词，即施事为有生命义的人或由人构成的组织机构，受事/与事则为无生命义的事物，如实物、命令、指令或事件等。

一、典型的上对下动词，即 V_0

V_0a：

补助	庇护	册封	册立	饬令	敕封	宠爱	宠幸	恩宠
恩准	发还	封赏	告诫	交办	接访	接见	命令	器重
申斥	授命	完婚	训话	钟爱	荫庇	召见	期许	晓谕
大赦							

V_0b:

发放　放权　诰　批复　批示　批转　批准　视察　下达

下令　谕旨　谕　御　指示　转发　恩赐　敕令　敕造

敕建　通报

V_0a 和 V_0b 词语的共同语义特征是［＋对下］，这类动词是地位高的、年长的或辈分高的人面对比自己地位低的、年轻的或辈分低的人使用的。其中 V_0a 中施事和受事或与事均为有生命义的人，V_0b 中施事是有生命义的人，但是受事或与事则是无生命义的事物。典型的上对下动词中多有"册、批、敕、宠"等词素，这些词素本身就有上对下的倾向，构成合成词后，［＋对下］语义特征更加明显。

二、典型的下对上动词，即 V_1

V_1a:

禀告　禀报　犯上　犯颜　回禀　回话　交差　尽孝　进谗

进见　进谏　昧死　启奏　求见　感戴　觐见　上报　上访

上书　上告　侍奉　弑　忤逆　谒见　奏　层报　朝见

呈　呈报　报呈　呈请　送终　保举　汇报　谢恩

V_1b:

缕陈　请功　请命　请示　请战　劝谏　上缴　申请　申报

侍立　送审　听候　违拗　报领　报批　报请　报审　报送

审批　抄报　陈请　专擅

V_1a 和 V_1b 词语的共同语义特征是［＋对上］，这类动词是地位低的、年龄较小的或辈分较低的人面对比自己地位高的、年长的、辈分高的人所使用的词语。其中 V_1a 为施事和受事或与事均为有生命义的人，V_1b 中施事是有生命义的人，但是受事或与事则不然，是无生命义的事物。其中"犯上、犯颜、昧死、启奏、觐见、谒见、奏、朝见"所对的"上"只指一国之君。这些下对上的动词中多有"禀、上、呈、申、报"等词素，在合成词中更加强了［＋对上］的语义特征。

第二节 一般的等级关系动词

这里所说的一般的等级关系动词是指那些在《现汉》中没有做出明确标注，需要通过语境判断出等级关系的动词。动词在一个句子里提供了复杂的句法信息和语义信息，在某种程度上，动词决定了那些与之共现的名词性成分的语义选择限制（王葆华，2006）。通常，母语使用者知道什么时候应该使用什么样的动词；什么样的论元配置变化会有何种类型的动词参与，因此，在交际行为中，使用的动词最容易说明说话人和受话人或者所涉及的第三方之间官职的高低、职业的不同、年龄的差异等信息，进而判断出身份地位的高与低、职业权限的大与小、年龄辈分的老与少。

汉语动词能够体现等级关系的意义也是通过词语的选择来完成的，其中一些从动词的构词上就能够看出等级关系的意义成分，正是这种意义和形式的关联决定了动词的用法。

一、和官职、职务变动有关系的动词

这些动词涉及职务的变动事件，每一个事件都由一个动词及其从属成分来表达。这些与职务变更有关的动词主要可以分为任职、离职、调职三类。每一类中的动词又含有对称的使动和自动的语义特征（袁毓林，2005）。如：任命—担任、免职—辞职、调遣—受命。

这三类动词是由有限的几个语素组成的。

（一）任职动词主要用"选、任、擢"

这些动词如下：

拔擢	任命	任免	任用	任职	选定	选拔	选调	选派
选聘	选任	擢用	擢升	胜任	提拔	提干	到任	到职
赴任	上任	上台	挂职	留任	留职	履任	履职	履新
在位	在职	现任	现职	历任				

（二）离职动词中主要用"免、撤、罢"

这些动词如下：

罢黜　罢官　罢职　罢免　免职　撤免　撤职　退职　退位

退居　卸任　卸职　去职　去任　让位　让贤

（三）调职动词主要用"调、贬"

这些动词如下：

调离　调任　调派　调职　贬斥　贬黜　贬官　贬谪　贬职

其中有些词语的一个语素与"任、职、位"有关系，从语义上讲，指职务、官职、官位、职位，在职务、职位上明显处于上层位置。而第一个语素如"到""赴""挂""履""莅"含有官员到某地做官的动作方向性；"上"是方位词，就个体感知的空间方位来讲，"上"除了和物理空间联系外，还时常和心理空间联系，体现出对对方的"尊崇"，而"下"则体现了"谦逊"的心理特征。"历"指某人曾经担任的官职；"在""现""留"表明了官职的时效性，与"历"刚好形成了时间上的"前"与"现"，序列上的"老"与"新"；"仕"旧时指做官，现引申为官职；"推"在这里有些特殊，含有两层关系，一是"推"的施事具有一定的地位或官职，才有机会和能力推荐，二是施事将受事推荐给更高一级职位的人或者组织；"去""卸""让"指施事离开原来的官职。我们发现，这一组词语主要是指围绕着官职本身的现状而发生的一系列的变化，如离开职位、新上任、出道做官、将官职让与能力强的人等。

例如：

（1）据宋史记载，范仲淹少时家境清寒，辗转流离，攻苦食淡。"划粥割齑"的典故便出自他的刻苦读书。26 岁时考中进士并出仕。前后在地方上干了 10 多年的小官。后经少年得志、诗名甚高的晏殊力荐才调至京城任了个朝廷秘阁校理。这是一个校勘皇家图书的闲职。但不久范仲淹就干了一件石破天惊的壮举，令晏殊都目瞪口呆。这年冬，年轻的仁宗皇帝下诏令，说要率领朝中百官为皇太后祝寿，并行跪拜之礼。这本是不合封建时代皇帝事亲的仪规的。但满朝的文臣武将慑于太后之威，个个面面相觑，却无不噤声。倒是位卑言轻的范仲淹挺身而出，向皇上上疏直谏，说是君主只应以家人之礼侍亲贺寿，不应率着百官一起朝南面来跪拜太后。这有失圣体国威，实不足为法。仁宗以为有理，于是拜寿仪式从简。这却让垂帘听政的皇太后心中忌恨。晏殊深为不安，指责他如此出言无忌，近于沽名钓誉，并会累及他人。范仲淹不服，说他"宁鸣而死，不默而生"。他也自知难在朝中立足，但他无怨无悔，不久便被逐出京，做了河中府通判。这是范仲淹因"忠直不挠"而首次遭贬。

但范仲淹直言敢谏的禀性并未改易。在皇太后去世后，仁宗皇帝开始亲政，革除太后时的腐风弊政，严格官员任用制度，朝中因此有了新的气象。而这时仁宗打算废除郭皇后……仁宗一怒之下欲废皇后。宰相吕夷简因曾与郭皇后有隙，故趁机暗中撺掇手下人以皇后九年不育为由上书废黜之。在吕夷简的怂恿下，仁宗废后决心更坚定。废后之事一时风雨满朝，议论纷纷。范仲淹闻之，立即向仁宗进言直谏。

范仲淹第三次被贬仍是祸从口出。景佑二年，范仲淹因在地方治水有功，又调回汴京升任礼部员外郎、天章阁待制，并做了开封知府。而范仲淹依旧是"每感激论天下事，奋不顾身"。此时的吕夷简羽毛丰满，把持朝政，任人唯亲，提拔官员多出其门。朝内多是敢怒而不敢言。范仲淹就下功夫搞了个新闻调查《百官图》，进献于仁宗皇帝。尖锐地指出哪些人的升迁是合格的，哪些是有问题的，痛责吕以权谋私。可老谋深算的吕夷简反诬他别有用心，离间君臣关系，图谋结党营私。仁宗不察，遂罢黜范仲淹的京官，将其放逐知饶州。白驹过隙，一晃8年。直到庆历三年（1043年）春，由欧阳修力荐，"天子以仲淹众望所归拔用之"。于是，已届54岁的范仲淹又回京擢升为参知政事（副宰相）。几经贬黜放逐，仍是禀性难易，壮心不已，始终如一。

这时，仁宗让吕夷简退职养病，让范仲淹与富弼、韩琦等实主朝政。很快，范仲淹就搞出了一个一揽子改革方案《答手诏条陈十事》，皇上允准，在全国推行。史称"庆历新政"。然而不及一年，吕夷简纠集一批既得利益的朝臣猛烈反扑。激烈碰撞下，仁宗退缩，改革告吹，并下诏解除范职。悲愤与无奈之下，范仲淹这才激流勇退去了邓州做知州。在知邓州期间，应先被贬谪的好友滕子京之约，在花洲书院写下了名垂千秋的《岳阳楼记》。

（《人民日报》（海外版）2005年03月17日第7版）

（2）张小敏的成绩是摆在面前的，很快就提拔为教育局副局长兼任进修学校校长了。

（李春平《遍地谎言》，《时代文学》2008 年第 2 期）

（3）进修学校是县教育局主管的副科级单位，专门负责全县小学教师的进修培训。原校长因为贪污受贿被免职了，查出了一大堆问题。

（李春平《遍地谎言》，《时代文学》2008 年第 2 期）

例（1）—（3）中的等级关系动词的施事和受事均为有生命义的人，这些词语中的语素"拔""罢""免""贬""任""选""擢""调""撤""提"都含有一种自上而下的驱使力，而这种驱使力是由有生命义的施事向受事发出的，受事则是被动地认可和接受。这样的动词含有两方面的等级关系：其一，动词的受事是指原本有一定官职和职位的人；其二，动词的施事有时缺省，但是在人们的认知常识中可以判断出，施事是比受事更高级别的官员或者机构组织，才有权力罢受事的官、贬受事的职、撤受事的职。

二、"授"与"受"的方向性

根据《现汉》的释义，我们知道"授"和"受"是两个不同方向性的语素，"授"即"给予"，具有向外语义成分；"受"即"接受"，具有向内语义成分，由此构成反向性动词。例如：

授奖—受奖　　授命—受命

授权—受权　　授课—受业

以上动词举例如下：

（4）讨袁护国战争中，在蔡锷回云南之前，朱德即受命组织部队，征用车皮，等待蔡锷来率军出征。

（5）粉碎"四人帮"后，军委授命他组织复建后勤学院的工作，他仍是那样勤勤恳恳，深入实际，平易近人，团结同志，踏实工作，受到广大教职员工的爱戴。

（6）去年12月，中国人民银行已授权中国银行（香港）有限公司作为香港银行办理个人人民币业务的清算行。

（7）抗战胜利后，查先生回到上海，受权当了上海纱布业的"接收大员"，成为上海工商界的"领头雁"，很快把上海的纱织业重新振作起来。

例（4）—（7）中的等级关系正是由"授、受"方向性的不同决定的，形成了行为动作的施事主体在地位上的不相对称性，与"授"有关涉的行为主体是地位高、权势强的人，而与"受"有关涉的行为主体是地位低、权势弱的人，而且这种不对称的关系是不可逆的。类似的动词还有如：

"授"：授奖　授课　授命　授权　授衔　授受　授勋　授予

"受"：受罚　受检　受礼　受理　受聘　受赏　受审（收审）受训
　　　受阅　受制

如果把"授""受"看作同族词的话，它们就是音同义反的同族关系。由"授""受"关系联想到的"受贿"和"行贿"也是一对和方向性有关的例子。"行贿"是地位低的人用财物买通了地位高的人，"受贿"是地位高的人接受了地位低的人所赠予的财物。"收受"的常用搭配是"收受贿赂""收受回扣"，即利益的驱使使地位高的人接受地位低的人的财物赠予。这些动词构成了非层次关系词群中的反义关系类型。

第三节　等级关系动词中的同族词

孙常叙（1956）提出了"同族词"，他认为从一个词根滋生出来的词叫派生词。各个派生词之间有同行辈的亲族关系，就这个关系来说，它们都是从一个词根派生出来的同族词。例如，以"心"为基本词素的词"良心、诚心、忠心、实心、小心、粗心、苦心、雄心、野心、热心、外心、慈心、疑心、同情心、好奇心、进取心、仇恨心"，这些词的共同点是都由"心"这个词素做基本部分，在词汇意义上又都用了"心"的"思想意思"的意义作为共同的基本意义，其他词素只是加在它上面的条件，依靠这些条件词素，把这个新结构组织成一个词，使它从一般的"心"（思想意思）中分化出来。由此，我们发现，这些同族词是从词的派生角度来判断的。其构词形式为：

核心词素＋条件词素

条件词素＋核心词素

核心词素的位置不同，或在前，或在后，所构成的同族词就属于不同义类的词族。

张小平（2008）认为，判断同族词需要两个条件：首先要分辨清楚词素的意义，核心词素含有同一种意义；其次，由于构词时的角度不同，有时同一个词素可以分属不同的词族。如"小文化"一词，既可以是以"小"为核心词素的"小气候、小太阳、小特区、小金库"同族词的成员，又可以以"文化"为核心词素形成"茶文化、酒文化、大文化"的词群。

一、职务等级动词中的同族词

职务等级中的同族词分为上对下和下对上两类同族词。

（一）上对下动词中的同族词

因为职务、职位的高低而形成以上对下动词，显示出地位高的一方的权势。这些上对下的同族动词可分为两种格式，分别如表4-1和表4-2所示。

格式1：核心词素＋条件词素

表4-1　职务等级关系中上对下同族动词　格式1

词素	同族动词						
招	招集	招录	招收	招贤	招选	招生	招考	招工
选	选定	选拔	选调	选派	选任		
颁	颁发	颁奖	颁授	颁行	颁赠		
特	特批	特赦	特派	特准			
调	调拨	调集	调派	调任	调职		
酌	酌情	酌定	酌办	酌量			
征	征募	征求	征收	征讨	征询	征召	征兵	征发
签	签发	签批	签署				
统	统管	统检	统领	统配	统摄	统属	统率	统辖	统御

处于前位的核心词素一般表示某种语义特征，具有区别其他词语的功能，作用是修饰、限制或者支配后面的词素意义。上面举例的词素"招"指用公开的方式使人来；"选"指挑拣、择取；"颁"指发下；"特"指单、单一；"调"指安排处置；"酌"指考虑、度量；"征"指召集、寻求、收集；"签"指为了表示负责而在文件、单据上亲自写上姓名；"统"指统一安排、

管理、率领、主管，而且由"统"构成的合成词都是居于上位而不下行的动词。这些前位核心词素限定了后面词素的行为特征，而且强调动作行为的目的和结果，同时指向了行为动作的对象。例如：

（8）与中国建交不久的韩国，许多大企业和大公司招录职员时，对外语的第一要求是必须懂中文。

（9）袁校长表示，近期她将到香港做教学考察、访问，届时还会考虑再招考一部分香港中学生来北京就读。

（10）石勒受尽苦难，没有出路，就招集一群流亡的农民，组织了一支强悍的队伍。刘渊起兵以后，石勒投降汉国，在刘渊部下当了一员大将。

（11）就在我党向东北地区调集干部和军队的同时，蒋介石在美国的支持下分海、陆、空三个层次向东北派遣军队。敌人在很短时间内就向东北调集了三十万全部美式装备的军队。

例（8）中"招录"以符合条件录用为目的，例（9）中的"招考"以考试作为选拔条件，考取为结果。词素"招"限定了后面的词素行为特征，即"录"和"考"，它们强调动作行为的目的和结果，同时指向了行为动作的对象，"录"是指录用职员，"考"是指以考试结果为依据选拔学生。例（10）中的"招集"和例（11）"调集"核心语素不同，因此具有了相互区别的特征，"招"强调以公开的方式使人来，"调"强调刻意的安排和处置。虽然它们后面条件词素相同，但是动词的行为方式却不同。

格式2：条件词素＋核心词素

表4-2　职务等级中上对下同族动词　格式2

词素	同族动词									
聘	考聘	留聘	招聘	选聘	评聘	诚聘	敦聘	外聘	续聘	征聘	延聘
用	任用	录用	重用	擢用	雇用	留用				
遣	派遣	差遣	调遣							
职	任职	调职	免职	罢职	贬职	撤职	留职	履职	卸职	

处于后位的核心词素大多表示某种范畴或某种义类，在未组合前，其意义一般比较宽泛、抽象，只有在组合后，它本身的意义才变得比较具体、明确（张小平，2008）。然而，我们发现，"聘""用""遣""职"作为后位

的核心词素,保留了原来词语的核心意义,"聘"指请人担任职务;"用"指使人或物发挥其功能,而这里的"用"只指"人";"遣"指派、送或打发;"职"指执行事务所处的一定地位。在这类同族词中,条件词素起到了支配和限制核心词素的作用,发挥了区分行为动作的方式和类型的功能。例如:

(12)为此,局里逐步引入人才竞争机制,引导非煤企业打破所有制身份界限和干部、工人界限,采取招聘、选聘、考聘等形式,推行厂长(经理)竞争上岗。

例(12)中动词核心词素"聘"只是给出了抽象的动作,有了条件词素"招""选""考",才使行为动作本身的意义更加明确,而且依次强调了聘用的方式和范围的不同。

(二)下对上动词中的同族词

因职务、职位的高低而形成的下对上动词,表示的是地位低的一方的听从、服从、请示的行为动作。如表4-3所示。

格式1:核心词素+条件词素

表4-3 职务等级关系中下对上同族动词 格式1

词素	同族动词
拜	拜倒 拜读 拜服 拜见 拜谒 拜认 拜师
参	参拜 参见 参谒 参劾
呈	呈递 呈交 呈送 呈献 呈览 呈阅
攀	攀援 攀缘 攀附
求	求和 求告 求聘(招聘) 求乞 求饶 求援 求职 求助 求靠
请	请调 请求 请赏 请托 请愿 请罪 请假
升	升格 升官 升级 升迁 升任 升势 升帐 升职
提	提请 提名 提交
上	上报 上朝 上调 上访 上告 上供 上缴 上书

"拜"是表敬词素,指恭敬地;其中后两个"拜"指用一定的礼节授予某种名义或职位,或结成某种关系。"参"指下级进见上级,属旧用法,最后一个"参"指弹劾,向皇帝告状。"呈"是表敬词素,指送东西给人,其中"呈献"的"呈"指"献"之意。"攀"在这里是比喻义,指投靠有钱

有势的人往上爬。"求"指恳请、乞助。"请"指求、请求。"升"指向上、高起、提高。"上"意指向上级呈递。"提"的同族词要复杂一些，"提请、提名、提交、提拔、提职、提升"中的"提"指说起、举出、指出；"提携、提挈"的"提"引申为带领、统领。然而在这样的同族词中也有上对下和下对上的区分。"提请、提名、提交"是下对上的等级动词，"提拔、提职、提升、提携、提挈"是上对下的等级动词。例如：

（13）人们宁愿不提级不提职，也不愿到金斗营乡任职，因为谁都怕陷入"沼泽地"不能自拔。

（14）蒋先生既是一位具有睿智的目光、冷静分析的头脑和严谨持重的美学家，又是一位平易近人、提挈后进、甘做人梯、可爱可敬的忠厚长者。

（15）联合国官员 26 日透露说，联合国秘书长安南将提名特立尼达和多巴哥退休外交官杜马斯为特别顾问，派他前往海地协助处理当地的危机。

（16）于是，就在这次全国人大的会议上，安徽省代表团在认真总结了一年来农村税费改革的利弊得失之后，提交了一份要求加大基础教育投入，尽快制定《义务教育投入法》的议案。

例（13）和（14）中的动词表示上对下的行为动作，例（15）和（16）的动词表示下对上的行为动作。

同族动词词素"拜、参、呈、请、升、提、求、攀、上"，无论是谦辞词素还是非谦辞词素，都有一个明显的动向性，即包含着由下对上发出的自主、有意识的行为动作的义素义。与后面的条件词素构成的合成词说明了下对上动作的目的或结果。

格式 2：条件词素＋核心词素

词素"从"，由它构成的同族动词如：

从 $_1$：护从　扈从　随从　跟从

从 $_2$：服从　信从　屈从　遵从　依从　听从

后位核心词素在下对上的职务等级中不多见，主要以"从 $_1$"意指跟随其后；"从 $_2$"意指依顺、顺从。突出了地位低的人对地位高或强权势的人所持有的态度和行为，前面的条件词素则是限制了动作行为的方式和态度。

二、行政执法等级关系动词中的同族词

邢欣（2004）指出因为人们的职业、活动范围不同反映到语言中，形成了领域语言变体，也就是俗语所指的行话和术语。因职业不同而形成的领域语言中，我们发现核心词素多与职业的特征和职业的权力有关联。如表4-4、4-5所示。

（一）上对下动词中的同族词

格式1：核心词素＋条件词素

表4-4　行政执法等级关系中上对下同族动词 格式1

词素	同族动词							
拘	拘捕	拘传	拘管	拘禁	拘控	拘押		
侦	侦办	侦查	侦察	侦获	侦缉	侦结	侦控	侦破	侦讯
核	核查	核对	核定	核批	核实	核验	核准	核资
缉	缉捕	缉查	缉毒	缉获	缉拿	缉私		
抽	抽测	抽查	抽调	抽验	抽检	抽选	抽样	
评	评点	评定	评改	评估	评级	评奖	评聘	评选
收	收监	收缴	收押	收治	收审			

词素"拘"意指逮捕或扣押；词素"侦"意指探听、暗中察看；词素"核"仔细地对照、考察；词素"缉"意指搜捕、捉拿；词素"抽"意指从事物中抽出一部分；词素"评"意指判出高下；词素"收"意指逮捕。他们作为前位核心词素，在合成词中保留了原来的意义，其后的条件词素将这些动词中抽象的意义更加具体化了，明确了上对下动作的目的和结果。例如：

（17）评改学生的作业，为人师者各有习惯和风格，自然不必强为一律，有的教授如武林高手，一剑，不，一笔就判定青青子衿的死生。

（18）姆博马曾在2000年为喀麦隆国家队夺取非洲国家杯赛冠军和奥运会金牌做出过贡献，并被评选为当年的非洲"足球先生"。

（19）在另外一个拼装窝点，执法人员收缴这些假冒伪劣摩托车的钥匙准备异地扣押时，这一窝点主人召集了100多人，将现场7名执法人员架开，强行把扣押的摩托车抢跑。

（20）就在干警们整装准备到宜昌找袁国新时，事情真的就那么巧，宜昌市公安局传来消息，向卫已于5月初被收审。

例（17）和例（18）中动词的核心词素是"评"，概括地指出了行为动作的特征，而其后的条件词素，即例（17）中的"改"和例（18）中的"选"却是具体说明了行为动作的目的和对象。例（19）和例（20）中的动词核心词素是"收"，有"逮捕"之义，条件词素，即例（19）中的"缴"和例（20）中的"审"，具体地说明了"收"这个动作的目的和对象。

格式2：条件词素＋核心词素

表 4-5　行政执法等级关系中上对下同族动词 格式 2

词素	同族动词					
获	抄获	查获	缉获	侦获	检获	搜获
押	拘押	监押	扣押	收押		
审	拘审	年审	评审	收审	突审	再审
缴	缴获	扣缴	查缴	收缴	搜缴	追缴

后位词素"获"意指得到、取得、获得，"押"意指拘留，条件词素对核心词素的修饰决定了"获得"与"拘留"的方式。"审"作为核心词素，意指仔细思考、反复分析、推究，然而其中"突审、再审"的条件词素"突、再"不是实词素，不能视为"审"的同族词，在这里只是起到比较的作用。条件词素"拘、年、评、收"作为限定和修饰成分，指出了上对下行为动作的方式。"受审"虽也是有核心词素"审"，但是却不是同向动词，"受审、送审"是[＋对上]义的动词，那么，我们发现条件词素不仅在同向的同族词中起到了区别行为方式的作用，而且还可以区别上对下义和下对上义的动词。

词素"缴"与"交"同音异形，但是从原始义和基本义上看有很大的区别（王晓东，2010）。"交"从原始义来看，侧重一事物从一个位置到另一个位置的不受其他条件限制的自然而然的转移；"缴"却是需要以"依附他物"为前提，在一定程度上"受制"于附着物的非自动转移。《现汉》中有关词素"缴"的动词如：

A：缴获　缴械（这里意动：迫使敌人交出了武器）

B：扣缴　收缴　查缴　搜缴　追缴

C：认缴　上缴

（21）记者从四川省眉山市公安局获悉，该市警方经过近 1 年的艰苦侦查，日前破获一起贩毒案，抓获张贵华等 4 名犯罪嫌疑人，缴获海洛因 1430 克及部分毒资。

（22）省检察院受案后，及时对负有玩忽职守责任的省美术出版社副社长李康林等 3 人立案侦查，搜缴焚毁《脑筋急转弯》一书，防止了事态的进一步扩大，稳定了社会秩序。

（23）双方当事人故意串通损害国家和集体利益的，应当由农业承包合同管理机构责令赔偿损失并追缴双方取得的财产。

（24）分公司的投资总额为 188 万美元，其中，蒲白矿务局一方认缴现金 58 万美元，用于厂房、办公楼等土建工程。

我们发现，"缴"作为后位核心词素与前位核心词素所构成的合成词在数量上相比占有一定的优势，A 组动词主要指出"缴"的结果和内容；而 B 组和 C 组动词"缴"是后位词素，前面的条件词素起到了限制和修饰的作用，说明了"缴"的方式，如"扣、收、追、认"等。例（21）－（24）中的"缴获""搜缴""追缴""认缴"都是指将钱物等从交出者转移到接受者的动作，而且这个动作受制于一定的前提，需要参照一定的标准或遵循某种要求才能完成此次动作，是具有归约性的行为动作。然而却存在不同的等级关系："缴获""搜缴"和"追缴"等是上对下动词，多是向内动词，有"获得"义；而"认缴""上缴"是下对上动词，多是向外动词，有"受损"义。那么，动词性"缴"具有被迫或履行义务交出、交纳的基本义，构成合成词的条件词素决定了"缴"的方向，即决定了动词的等级关系。

核心词素"教"与广义的师生不对称的等级关系有联系。"教"指把知识和技能传授给别人。

由"教"作为前位核心词素构成的同族词如：

教导　教化　教诲　教授　教训　教养

由"教"作为后位核心词素构成的同族词如：

教$_1$：管教　帮教　执教　指教　调教

教$_2$：就教　请教　求教　聆教　领教　叨教　讨教

（25）省政协台州地区工委主任，当我被人误认为"诈骗"时，大力支持我走发明之路，似父亲一样教诲我，关心我。

（26）我认为这就是真正意义上的家庭妇女了——她们操持家务，教养子女，全心全意地担当起家庭中的主妇角色。

（27）国家青年队的教练是马连保，他先是执教一支军队球队，后又执教八一火箭队。他是个很好的人，做起事来我行我素。其中一件事就是，在训练营里他不让我和刘炜一起上场。

（28）他是崇明人，虽然腿部有轻度残疾，但在学校是个以调皮出名的学生。5 年前一次偶然的机会，老齐慧眼识才，把他带进田径队。将一个桀骜不驯的顽童，一步步调教成残奥会赛场上的明星。

（29）在欧共体的一次首脑会议上，撒切尔夫人又一次让人们领教了她的坚毅刚强的意志力的"铁"味。

（30）对于此案中所指控的金星社的行为是否构成侵权，我们作为被告的代理律师，想从以下几方面谈谈自己的看法，并以此就教于有关专家。

通过例句（25）—（30）我们发现，当"教"作为前位词素时传达了上对下的含义，构成的合成词说明了"教"的目的和结果。而当"教"作为后位核心词素时，因为条件词素的修饰和限制不同，形成了上对下的动词"教"$_1$和下对上的动词"教"$_2$。

三、年龄辈分等级关系中的同族词

在年龄辈分的等级动词中主要是和"养"有关涉的词语。词素"养"意指供给生活资料或生活费用。"养"可以有两个方向，即对上和对下。

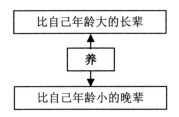

由"养"作为前位核心词素构成的同族词如：

养老　养育　养兵

由"养"作为后位核心词素构成的同族词如：

　　对下动词：抚养　扶养　领养　收养　喂养

　　　　　　　培养　寄养　抱养　娇养　认养

　　对上动词：赡养　侍养　供养　鞠养　奉养

　　（31）40 年代，美国俄亥俄州的一对孪生兄弟出生后不久，就分别寄养在两个家庭中。

　　（32）岳云，相州汤阴人，幼年时被岳飞收养为儿子。岳云受父亲熏陶，从小就羡慕军旅生活，渴望能奔驰疆场杀敌。

　　（33）家里上要奉养 80 岁老母亲，下要供 4 个未成年的孩子上学，生活的拮据，使他们连双水靴都买不起，风雨中只好打赤脚。

　　（34）这婚姻伤透了她的心，而且为了侍养老祖父，她就不想很快结婚。

　　"养"作为后位核心词素，前位的条件词素限制了"养"的方向性，条件词素的上对下和下对上的行为决定了后位词素的方向。例（31）（32）中的"养"动词是长辈对晚辈的行为动作；例（33）、（34）中的"养"动词是晚辈对长辈的行为动作。

第四节　小结

　　本章主要考察了等级关系动词的构词特点。

　　从词素和词素的搭配角度看，等级关系的动词有很多属于同族词，而且构成了自己的词群，它们有两个基本的构词格式：核心词素＋条件词素；条件词素＋核心词素。从职务等级关系的动词、职业等级关系的动词和年龄辈分等级关系的动词三个类别，以及上对下动词和下对上动词两个方向进行分析，我们发现，在构词中，处于前位的核心词素一般表示某种语义特征，具有修饰、限制或者支配后面的词素意义的作用，并且强调了动作的目的和结果；在构词中，处于后位的核心词素大多是表示某种范畴或某种义类，在未组合前，其意义一般比较宽泛、抽象，只有在组合后，它本身的意义才变得比较具体、明确，而且条件词素具有限定或确定动词的行为动作方式的作用。其中词素"受""授""教""养"有其明显的特殊性。"授"与"受"是两个不同方向行为的核心词素，构成的合成词也具有不同的方向性，而且核心词素决定了动词的等级关系。"教"是一个单向性的核心词素，同时具有两种构成格式，而且条件词素决定了"教"的等级关系。"养"是一个双向性的核心词素，也具有两种构成格式，同时条件词素决定了"养"的等级关系。

　　具有构词能力的实词素，无论是处于前位还是后位，基本上都能够通过核心词素的词素义来判断动词自身的等级关系，而且前位核心词素构成的等级关系动词多于后位核心词素构成的等级关系动词。

第五章

互动交际中等级关系动词的
数据统计

　　人们运用语言进行交际，在运用的过程中，离不开社会，社会赋予语言以活力。人们讲话的目的总是在用语言做事，讲话人有意无意间在制造某种社会关系，或者维持某种特定的社会关系（邢欣，2004）。

　　体现在汉语动词上的等级关系，时刻反映着社会的结构层次。我们根据个人的直觉和内省体验，在前人所做研究的基础上，对汉语动词中体现等级关系的词语分类给出了依据，划分出职务职位等级关系、职业等级关系、年龄辈分等级关系和优势劣势等级关系。本章我们将对汉语中有等级关系的动词做定量的分析研究。

第一节　典型的等级关系动词统计分析

　　典型的等级关系动词在《现汉》中的数量不多，但是有着明确的标示，说明了动词上下等级关系的语义特征和语用功能。如表 5-1 所示。

表 5-1 典型的等级关系动词

等级关系	上对下动词		下对上动词	
受事/与事	人	物	人	物
词数	28	20	34	23
占比	27%	19%	32%	22%
合计	105			

　　通过对典型的等级关系动词统计后，我们发现，无论是上对下动词还是下对上动词中，受事或与事指人的比例高于指物的比例。

第二节　一般的等级关系动词统计分析

一、职务等级关系动词的特点

从统计分析的数据中可以发现，由职务带来的等级关系的动词可以说是四类等级关系中居于首位的，这种关系中不仅包括职务产生的上级和下属的权势，还包括雇佣形式的上司与员工的关系。如表 5-2 所示。

表 5-2　职务职位等级关系动词

等级关系	上对下动词		下对上动词	
受事/与事	人	物	人	物
词数	279	229	157	78
占比	38%	31%	21%	10%
合计	743			

在职务等级关系的动词中，上对下的动词占 69%，下对上的动词占 31%。

在这类等级关系的动词中，我们知道很多动词具有自上而下的控制义和使动义。马庆株（1995）给"控制"曾下过定义，指以各种方式来施加影响。他所列举的这类动词如下：

帮助　参与　策动　刺激　感召　利诱　怂恿　陶冶　维护
斡旋　压榨　影响　主持　强制　教导　关怀　管理　培育
提携　镇压　监视　管辖

这些动词后面可以接由指人名词充当的宾语，或者其潜宾语是指人名词，其中不少动词具有使令义。

对数据分析后，我们发现在职务等级关系的动词中，受事/与事指人的比例高于指物的比例，特别是在上对下的动词中更加明显，这就说明了职务带来的等级关系动词具有控制义，可以接生命义高的指人名词充当宾语，而且有一部分词语具有指称功能，能够名词化，这些动词后面还可以加"下"，强调行为动作是自上而下的驱动力，这些动词如下：

安置　布置　管理　管事　提拔　压制　引导　掌管　镇压

指挥　指引　带领　动员　评审　评奖　整顿　压服　特派

降服　怀柔　劝退　录用　录取　敦聘　处分　处理　处置

以上动词举例如下：

（1）剧团解散后，我被安置到文化局，在文化局打杂，文化局长不忍心埋没人才，便让我顶替电影院一名刚退休的老职工的位置。

（2）由于家庭和儒家思想的影响，陶渊明少年时代起就对统治阶级抱有幻想，立志为国为民干一番事业。但当时东晋社会，贵族垄断了高官要职，出身庶族寒门的人则遭到无理压制，陶渊明虽有济世之才，却一直得不到重视。

（3）初为藩王，（他）广交汉族儒士，论治军理政之道。蒙哥汗元年（1251），受命掌管漠南汉地军国事务，设府金莲川，改革弊政，整顿军纪，屯田积粮，加强兵备。

（4）目前，还没有有关人员受伤消息的报道。马来西亚的足球官员表示，他们将展开调查，决定是否对卷入冲突的球员及官员进行处分。

（5）成吉思汗建立了蒙古汗国以后，凭借着强大的骑兵开始了征服战争。他三次用兵，降服了西夏，然后专力对付金。

例（1）—（5）中的"安置""压制""掌管""整顿""处分""降服"具有明显的自上而下的驱动力，地位高的人或机构组织控制和致使地位低的人或机构组织，达到行为动作的目的。

同时，马庆株也指出含有持续性过程义的动词、表示动作行为造成的结果的动词、动作主体客体是人的动作行为的动词容易获得指称义。他对这类动词后宾语成分的解释与我们所做出的数据分析不谋而合，为我们的判断提供了有力的佐证。

二、行政执法等级关系动词的特点

甘柏兹提出的"超方言变异"，是指同一集团内不同类型的活动形成的差别。例如，正式演讲、宗教仪式或专业讨论所用的语言与朋友间随便谈话所用的语言永远不会相同，因为它们各有各的风格，以满足各种特定的交际需要。这些活动的语言标记，在一定程度上与不同的专业要求直接有关。这里的专业可以从广义的角度理解为科学专业和各行各业的职业行为，有些词语的选用就贴上了职业的标签，从而可以建构交际参与者的职业身份和等级关系。邢欣提出的领域语言变体，即领域用语，是指不同的职业、专业、爱好、政治集团、宗教信仰等有各自的领域术语或一些特殊的用语。但是，我们在对词语考察中发现，狭义的术语/行话中多是名词，而动词多数不具有等级关系，因为行为动作的主体和客体或与体不是指有生命义的人。

由职业的特性带来词语的等级关系最明显的词语，是反映了职业中法律所赋予的权力，产生了执法者与被执法者之间的不对称关系。

表 5-3　职业等级关系动词

等级关系	上对下动词		下对上动词	
受事/与事	人	物	人	物
词数	65	135	28	15
占比	27%	56%	11%	6%
合计	243			

统计分析后，我们发现这组词语中在上对下的动词里，受事或与事指物的比例远高于指人的比例，主要是因为在职业场合中，行为主体多是司法检察机构，如公安机关、检察院、法院、检疫机构等，对下进行检验、审核、监管等行业行为，不仅针对人或被查机构、组织和集团，更多的是针对具体事物而进行的。我们把一般的等级关系动词用 V_2 表示，受事或与事主要是指人的名词性成分的动词如下：

V_2a：

逮捕　拘留　审问　惩办　拘捕　扣押　盘问　盘查　批捕

判处　收监　收审　收押　问讯　问罪　监视　监护　追捕

勒令　缉拿　侦查

以上动词举例如下：

（6）鑫源煤矿为一个体矿，由于通风系统不好，4 月 28 日曾被当地煤矿安全监察部门勒令停业整顿，但矿主仍偷偷坚持生产。

（7）由于机组人员被军方拘押审问，西北航空公司不得不另外派人接手这架航班，把乘客送抵目的地。

（8）非典疑似患者张某是目前所有病人中病情最重的，北京市已组成一个特别专家组对她进行治疗。其他病人仍在密切监护和积极治疗当中。

（9）有些家长并不能敏感地觉察青少年心理上的这种变化，不能及时地调整与他们的关系，即改变多少年来习惯的自上而下的监护与服从的关系而代之以同志式的平等关系，反而处处干预和限制青少年的自主要求。

（10）3月初，两名涉嫌伪造信用卡诈骗的香港男子被海口市人民检察院批捕。

例（6）—（10）充分说明职业等级关系中的动词要求两个强制性的名词性成分充当行为动作的主体和客体，而且行为动作的主体多是集体性的指称成分，如"当地煤矿安全监察部门""军方""有些家长""海口市人民检察院"，虽然例（8）中行为主体被省略，但是在语境中都有一定的参照物，即"医生和护士"。同时，客体可以是个体性的指人名词，如例（10）中的"香港男子"，也可以是实体的、指代政府机关团体的语义成分，如例（6）中的"鑫源煤矿"、例（7）中的"机组人员"、例（8）中的"其他病人"、例（9）"青少年"。

受事或与事主要指具体的事物的动词如下：

V$_2$b：

罚款	罚没	缴获	扣缴	年审	年检	排查	起获	起赃
清查	侦办	侦获	甄别	追究	查办	查抄	抄查	抄获
抽检	核查	核对	缉查	缉毒	免检	免征	审订	审核
搜缴	追查	追缴	受理

以上动词举例如下：

（11）……查办了一些行政执法人员利用管理、征收、罚没、监督、审批、仲裁、稽查、处分等各种权力敲诈勒索服务、管理对象，索贿受贿，执法犯法的案件。

（12）澳大利亚归还的历史档案是澳军在两次世界大战中从德国驻澳各地领事馆抄获的。

（13）警方在这个大型毒品工厂还起获 6 台制毒生产线机具、150 万元新台币的贩毒赃款，原料和半成品也有 200 多公斤，数量惊人。

（14）按照《中华人民共和国产品质量法》的有关规定，对发现的每一起制假售假案件都要彻底查处；对发现的假冒伪劣产品一律封存、扣押并予以没收，不得进入市场；对为制假售假提供场地、设备、仓储、运输、物资、资金等手段和条件的单位或个人，要依法从严处罚；对经销者和经营性使用者有意采购和在经营性活动中使用假冒伪劣产品的，要视同制假售假行为予以处罚。

（国务院《关于进一步加强产品质量工作若干问题的决定》，《国务院公报》2000 年 3 号）

从语体的角度分析，例（14）是典型的公文语体，词项单一、词义为基本义，词语带有庄重严肃、规范简明的具有强制性的行政执法色彩，适用于处理司法机关、行政执法部门和人民群众之间的涉及法律法规的事务表达需要。

从上述例句（11）—（14）中，我们可以知道行政执法等级关系的动词大多数是具有索取义的词语，具有向内的方向特征，即行为动作的主体"获得"或"查处"与体，而与体和客体之间具有领属关系。

我们将这部分动词视为行业词语[①]（郭伏良，2001）。这些行业动词具有单义性、专业性特点，都有非常明确的指称对象和使用范围。人们常说的"三句话不离本行"，就是通过使用的词语了解到所从事的职业特点。V_2a 和 V_2b 词组基本属于司法机构或行政执法机构[②]所使用的词语，这些机构具有对法律法规的执行性和强制性，这就凸显了执法机构和受检组织、集团或个人之间权势的不对等，这种等级关系是由行政执法机构的特性造成的。例如：

（15）讲完自己的事，小五就逼着我，让我把我的艳遇也给他讲一讲。在他的"审问"下，我只得老实交代，我哪里有什么艳遇，至今我连女孩的手都没有碰过呢。

---

① 在这里我们采用广义的行业词语概念，即行业语是由于社会分工不同而产生的各行各业集团的专门用语，其中包括各种学科或技术领域使用的术语。术语是行业语中的科学用语，具有精确性及完全概念的特点，是行业语的核心部分。

② 这些行政执法机构主要指公安、海关、税务、工商、质检、药监、环保等政府部门。

（16）苏珊：别胡说八道，我领导是特别正直的人。

　　　露露：可我还是觉得不大对头啊。要不咱俩去侦察一下？

（电视剧《夫妻那些事》台词）

（17）童辉借口心情不好，把我扣留在了她家陪着她，我只好打发老公先回去了。

（自拟例句）

例（15）—（17）中的"审问""侦察""扣留"虽然保留着词语的基本义和强制性，但是在文学作品中以及日常生活情境中，行业词语的适用范围扩大了，郑重的语体色彩随之淡化了，少了专业性和执法性的特征，而突出了人物的关系、行动特点。尤金·奈达认为同等关系常通过比喻、格言、寓言、问答的手法来表达；问答提供反馈的机会，可以制造一种参与并成为一体的感觉。反之，法律的、论说的、指令的、劝谏的文体主要体现权力。（祝畹瑾，1985）

从职业中可以分离出来的、比较特殊的是教师与学生的等级关系。在本书第二章中说明了这是一种广义的师生关系，其特点是因知识、技能、经验等的自上而下的教授而形成了师生关系。如表5-4所示。

表5-4　师生等级关系动词

等级关系	上对下动词	下对上动词
受事/与事	人	人
词数	38	17
占比	69%	31%
合计	55	

师生等级关系的动词一直是我们单独考察的词语，这些词语中老师对学生的动词主要以教授义为主，这些动词如下：

备课　讲授　讲解　批改　评阅　启迪　启蒙　启发　示范
演示　诱导　阅卷　执教　执鞭　指导　指教　指点　主讲
说教　授课　身教　言教　讲习　讲学　培养　培育　培植
栽培　点拨　辅导　勉励　调教

这些词语的语义特征具有给予义，是向外动词，有些动词后跟具体的事物，例如①：

（18）批改作业、批改文章、批改稿件、评阅试卷

有些动词后可以跟指人名词性成分，也可以跟抽象的名词性成分，例如②：

（19）启发下级　启发（群众的）积极性

　　　启发学生　启发（学生的）自觉性

　　　启发孩子　启发（人们的）觉悟

学生对老师的动词主要以求教义为主，后面多跟指人的名词性成分，这些动词如下：

就教　请教　求教　聆教　聆取　聆听　领教　旁听　师承

师从　师事　投师　私淑　叨教　讨教

这部分师生等级关系的动词因为数量不是很多，而且后跟指人和指物的名词性成分，对句法语义没有影响，这里不再做详细的统计分析。

在四类等级关系中，我们发现师生关系的等级级别是居于年龄辈分和职务等级关系之间的，虽然具有等级差异，但是在亲疏距离上，比职务要近很多。在词语的使用上，多以传授知识、经验和技能为主，而不是居高临下的控制和支配的行为动作。

三、年龄辈分等级关系动词的特点

年龄辈分等级关系的动词数量虽然不是很多，但是等级关系明确，而且出现了具有逆反义的动词。如表5-5所示。

表5-5　年龄辈分等级关系动词

等级关系	上对下动词	下对上动词
受事/与事	人	人
词数	70	46
占比	60%	40%
合计	116	

---

① 此部分例子来源：张寿康，林杏光主编，1992，《现代汉语实词搭配词典》，北京：商务印书馆。

② 此部分例子来源：张寿康，林杏光主编，1992，《现代汉语实词搭配词典》，北京：商务印书馆。

在这组数据中，我们发现与年龄辈分有关的等级动词几乎都是和指人的名词性成分有关，这就说明在年龄辈分中，人们首先关心人与人之间的亲疏关系，其次考虑上下的等级关系。这组词语可以分为两大类四小类，如表5-6所示。

表5-6　年龄辈分等级关系动词

等级关系	上对下动词				下对上动词		
	哺育义		娇惯义		赡养义		逆反义
动词小类	保育　叮咛		偏护　数落		搀扶　侍养		顶撞　顶嘴
	关爱　钟爱		娇惯　溺爱		侍候　服侍		忤逆
	管教　抱养		宠爱　宽纵		供奉　看望		
	收养　疼爱		败家　娇宠		鞠养　养育		
	喂养　抚养		娇养　护短		操劳　省亲		
	照看　眷顾		娇纵　祖护		孝敬　得济		
	牵挂　嘱咐		淘神　纵容				
	心疼						

在法律文书中有这样一组词：扶养、抚养、赡养。在法规体（即公文语体的一个分支语体）中，这一组词与"供养"的使用有何区别呢？我们先看看《中华人民共和国婚姻法》（2001年修正）中对这一组词的解释和法律效应。

（20）第二十条　夫妻有互相扶养的义务。

一方不履行扶养义务时，需要扶养的一方，有要求对方付给扶养费的权利。

第二十一条　父母对子女有抚养教育的义务；子女对父母有赡养扶助的义务。

父母不履行抚养义务时，未成年的或不能独立生活的子女，有要求父母付给抚养费的权利。

子女不履行赡养义务时，无劳动能力的或生活困难的父母，有要求子女付给赡养费的权利。

我们发现，例（20）中这一组词在法律的解释下有了更加明显的区别意义。"扶养"有扶助、敬养的意思，是指晚辈对长辈的供养，也可以指平辈或者长辈对晚辈的扶养，例如：

（21）她自从死了丈夫后，一个人把三个孩子扶养长大了。

（自拟例句）

例（20）中的"抚养"则是指长辈对晚辈的养育、教育、爱护。"赡养"则特指子女对父母在物质上和生活上进行帮助。而"供养"是指供给长辈或年长的人生活所需，也就是幼养长，例如：

（22）供养老人是我们年轻人的责任。

这类动词更多地体现了人与人之间的关爱和责任，适用的范围较前两类动词要小，在与前两类动词在等级序列选择上发生冲突时，也是居于次位。正如巴金笔下的觉新和陈姨太发生争执时，陈姨太也对觉新避让三分，因为觉新是老太爷的嫡亲长孙，而陈姨太只是个偏房，在家族辈分中虽高于觉新，但是家族地位却低于觉新。

四、优势劣势等级关系动词的特点

由优势劣势而形成动词的等级关系，主要是指从主观情感上产生了一方对待另一方行为动作或感情态度的不对称，属于态度词语。

表 5-7　优势劣势等级关系动词

等级关系	上对下动词	下对上动词
受事/与事	人	人
词数	55	74
占比	43%	57%
合计	129	

体现上下等级关系的态度词语，是由行为动作的主体对待客体的主观态度或倾向产生的，因此，行为动作的客体或与体为指物名词性成分的情况不多，可以不计入统计分析中。产生这些主观态度的因素很多，如地域差异、文化差异、标准语与方言的差异、财富、身体强壮等。

（一）上对下等级关系的动词

统计分析后，我们认为这类上对下的动词可以分为以下两小类。

1."帮助"类

居于优势一方有主观愿望和能力向劣势一方提供帮助，例如：

帮困　帮补　济世

2．"威逼"类

居于优势一方以强势、不屑的姿态对待劣势一方，例如：

逼迫　威吓　鄙视　歧视　斥责

（二）下对上等级关系的动词

统计分析后，我们发现这类下对上的动词又可以分为以下三小类。

1．"景仰"类

劣势一方对优势一方的态度倾向，多是源于优势一方自身的人品、学识、相貌、身材等抽象的、非物质的因素，例如：

渴慕　恳请　崇拜　信赖　崇敬

2．"屈从"类

劣势一方多是屈服于优势一方的霸道、霸气或强势的态度，例如：

跟从　屈服　抱怨　服帖　趋奉

3．"企盼"类

这是源自内心的祈求和愿望，希望能够达成心愿，这时行为动作的主体在情感上处于劣势，例如：

祈求　乞食　乞援　企及　翘首

第三节　对上动词和对下动词的统计分析

在人类社会中，权势和同等关系是强大的因素；毫不奇怪，它们在社会生活的一部分即语言的使用中也同样成为原动力。甘柏兹认为社会语言学必须直接联系"交际现象在运用权力和控制力以及造成和再造成社会身份中的作用"。也就是说，社会身份和角色主要是通过语言来确立和维系的。语言是一个社会过程，人们总是按着社会的规范和期望使用语言，完成各种行为动作。（祝畹瑾，1985）动词在句法结构中活动能力最强，大部分词类都要跟它发生一定的结合关系（胡裕树 等，1995）。在交际中，我们可以通过对动词的使用来判断交际参与者之间的职务等级、职业等级、年龄辈分等级以及主观心理因素而产生的优势劣势等级。这是一个可以逆推的过程,即通过等级关系动词推断行为动作的主体和客体或与体之间的关系;或鉴于行为动作的主体和客体或与体之间的等级关系选择恰当的动词,刻画参与者之间的某种权势关系。

等级关系动词主要体现在行为动作的主体对客体或与体所发出的动作,即地位高的人命令、监督、检查地位低的人,而地位低的人对地位高的人则是服从、请示。对上和对下动词数量也是不均衡的。

表 5-8 四类等级关系动词中对上和对下动词数量统计[①]

动词	上对下	占比	下对上	占比
职务职位等级关系	508	40%	235	18%
职业等级关系	238	19%	60	5%
年龄辈分等级关系	70	5%	46	3%
优势劣势等级关系	55	4%	74	6%
占比	871	68%	415	32%
总计	1286			

通过数据分析,我们发现等级关系动词中,上对下的动词明显多于下对上的动词,而且在四类等级关系动词中占比呈依次递减的趋势。而且我们对马庆株(1997)所列举的对上和对下动词的数量也做了统计,在马文中列举了 337 个表示等级关系的动词,其中对上动词有 141 个(总计 146个,除去单音节动词 5 个),占总数的 42%,对下动词有 182 个(总计 191个,除去单音节动词 9 个),占总数的 54%,这就再一次证明从数量上看,上对下动词多于下对上动词。我们可以从权势的社会控制力和自主意识的角度来分析这种现象。

首先,权势一方具有社会控制力。

在社会关系中,权势和亲疏关系可以通过词语的选用反映行为动作的主体和客体或与体之间的关系。在社会等级框架中,交际参与者之间的社会地位距离或垂直距离体现出了他们不同的权势关系。在企事业单位、公司等级框架中的上级与下级或上司与下属的关系,在家庭等级框架中长辈与晚辈的关系,这种关系正是"权势"概念的核心所在,即地位高的一方

---

① 本书百分比计算结果均修约到一位小数,为保证表格中横、竖向计算结果逻辑一致,先按进舍规则修约横向总计一行的百分比数值,必要时对部分竖向分项百分比数值进行了微调。

拥有某种特权，而地位低的一方则有一定的责任和义务。那么，强权势一方应该掌握着行为动作的社会控制力，具有决定性和威望性。冯·迪克（Teun A. Van Dijk，施旭摘译，1991）通过以法庭上的法官、律师和控告人或证人、教室里的老师与学生以及门诊室里的医生与病患为例，来说明在这种特定的交际场合中，一旦话题确定，局部命题必然与其相关，以致对无权势说话人有意义的信息未能被激发或完全被抑制。因此，有权势的说话人在心理上将自己设定为有权势的社会成员和交流模式中的说话人，从而能在一切话语交往的层次上间接地控制谈话的各种特性。一般地说，这意味着无权势说话人没有那么多控制力，因而也就没有那么多自由，比如在选择说话机会、话题、文体方面便是这样。例如，在政策报告、法律文件、规章等公文语体中，权势一方以词语作为渠道使他们的权势合法化。在实施这种控制力的时候，强权势一方多是通过词语的语义成分来完成的，如动词具有致使义、赠予义、索取义、告知义等，弱权势的一方则是听从和执行行为主体所发出的指令和号召。因此，上对下的动词和下对上的动词并不是一一对应，对下动词的数量多于对上动词。

其次，权势一方具有很强的自主和自愿的意识。

马庆株（1996）在探讨敬辞、谦辞和詈辞时，指出敬辞和谦辞使用广泛，反映了汉文化讲求整齐秩序的传统精神。中国人特别重视长幼尊卑的次序关系，长幼是一种时间关系，尊卑是一种抽象的空间关系。

他认为汉语礼貌词语反映了中国人交际上的这样一些特点：一方面交际方尽量缩短水平距离，另一方面尊长者要缩短上下距离，卑幼者则要保持上下距离。然而，我们讨论的动词体现的是权势的等级关系，这种上下距离和行为动作的主体与客体或与体在中性语境中是不可调换的，即无论尊长者还是卑幼者都要保持这种上下距离，这反映的是一种立体的、多维的人际关系观念，也反映了汉民族长期形成的心理特征的文化积淀。在正式的、严肃的、工作性质的交际场合和语境中，交际参与者之间的关系自然而然地固化在人们的头脑中，由此控制着彼此的词语选择和使用，即使当工作场合转变为轻松、自由的娱乐场合时，固有的等级关系依然没有消失，地位高的一方依然是话题的主控方，地位低的一方还是以聆听为主。从动词的自主性的角度分析，行为动作的主体不但可以有意识地自由支配行为动作，而且可以做出主观的判断和决定。虽然对上和对下动词具有自主性的语义特征，但是从主观意愿上讲，权势指的是某人对其他人有意地施加可预见性影响的能力（赖良涛，2009）。这种不平等的关系就体现为支配和顺从，"支配"的行为动作更多地需要语言的协助，"顺从"更多的是对地位高的人所发出的指令具有实施性。因此，从词语的使用来看，上对下的等级关系动词多于下对上的动词。

第四节　小结

冯·迪克认为话语是我们社会中权势的基本信递工具。通过话语，人们"学会"如何获得、保持、接受权势；更重要的是，通过话语，人们建立和交流能使权势合法化的、受意识形态控制的社会认知。在汉语中，显示权势等级关系最直接的方式之一就是通过词语的使用达到目的，在我们的研究中，动词就是社会中权势的基本信递工具。根据动词在句法中的核心位置的研究，首先，我们可以确定行为动作的主体和客体或与体之间存在着某种等级关系。这种等级关系是支配与被支配、命令与服从、控制与被控制等，在对等级关系动词数量的统计中，我们发现上对下的动词多于下对上的动词；其次，动词所蕴含的等级关系也可以构建行为动作的主体和客体或与体之间的某种等级关系。通过数据的统计和分析，我们发现客体或与体为指人的名词性成分多于指物的名词性成分，即等级关系主要体现在人与人的关系上，人与物的关系中的等级成分需要语用的规定和限制。

第六章
服务"一带一路"的
等级关系动词教学

第一节　"一带一路"等级关系动词教学的意义

2016 年 8 月，习近平总书记在推进"一带一路"建设工作座谈会上，进一步提出 8 项要求。从统一思想到统筹落实，从金融创新到人文合作，从话语体系建设到安全保障，面面俱到。这些工作主要聚焦在"五通"上，即政策沟通、设施联通、贸易畅通、资金融通、民心相通。"通"则"顺"，"顺"则"成"。李宇明（2015）指出，"实现'五通'，当然需要语言互通""欲表情、通心，需用本区域各国各族人民最乐意使用的语言"。在"一带一路"的建设过程中，相应的政策协商、贸易往来以及设施建设等，无不需要语言的辅助，准确、恰当的语言沟通将为经济互惠铺路搭桥；同时，"一带一路"也是多元文化相互交流的新平台，不论是学习各国文化还是宣传中国文化，要想真正实现表情达意、民心相通，把握好各国语言及汉语的载体作用，颇为重要。

"一带一路"的快速发展，加速了中国与海外的交流，通过各国多层次的商业合作，也极大地促进了彼此间的文化尊重与认同。作为经济与文化沟通的重要纽带，语言已经成为不可小觑的力量。推动"一带一路"倡议的实施，汉语教学与传播不能缺席。词汇学习是语言学习中的重要环节，词汇的扩充和运用自始至终不可放松，甚至有研究者（Laufer）认为"词汇学习是语言学习的核心问题"（刘颂浩，1999），"是第二语言学习者最重要的任务"（张和生，2010）。在互动交际中，词汇量不足是第二语言学习者遇到的最大的困难，虽然第二语言学习者的语言能力并不仅仅由词汇量构成，但足够的词汇量是学习者进行有效交际的基本保障。事实上，在词汇教学中，实词的教学应该放在重要的位置上。杨惠元（2003）指出："一个在目的语国家学习的外国学生，即使语音不好，语法不通，可是他如果掌握了一定的词语，就能交际。比如他去买本子，只说本子一个词，不说一个完整的句子，他就能买到本子，交际就完成了。要是他不会说词语，语音再标准，语法再正确，他也无法交际。"刘颂浩引用 Ferguson（1999）

的研究则把这个问题说得更透彻："只要我们知道相应的实词（而不是虚词或语法），交际活动就会正常进行。在所谓的'外国人谈话'（foreigner talk）以及'幼儿谈话'（baby talk）中，许多语法特征被简化掉了，但这种简化却很少发生在实词上。"这足以说明实词教学在词汇教学中的核心地位不容撼动。

语言里的词是体现思想的（周祖谟，2005）。人在思维判断和推理的过程中需要运用各种概念，而概念正是现实的事物和现象所呈现的本质与特征在人大脑意识中的反映，这是由感性材料经过分析、综合、抽象、概括而获得的。这些内化的概念有很多需要用实词来外显它的功能。刘丹青（2010）指出，从类型学上看，印欧语其实远比汉语更接近名词型（nouny）语言。仅将汉语与英语比，汉语明显接近动词型（verby）语言。汉语中动词的作用比英语中动词的作用更加重要，反过来，汉语中名词的作用远不如英语中名词的作用重要。在互动交际中，能够顺利传达交际意图完成交际任务，需要了解谁在何时用何种方式向谁说话。在汉语词汇系统中，含有等级关系意义的动词能够明显体现以下三个要素：交际场合、交际话题、交际参与者。其中尤为重要的是交际参与者的状况，参与者的社会地位、职业、年龄以及交谈时相互的角色关系都会影响到对交际中动词的选用。

第二节　等级关系动词的分类教学

学习语言好像盖一栋房子，语音是地基，语法是整体结构，词汇是建筑材料，如果没有建筑材料，房子也只是一个空壳，没有任何的意义。语言学的发展一向侧重于语法的研究和语音的分析。在实际的外语教学中，语音和语法主要是初学阶段和前期的教学任务。然而词汇的扩充和运用，则是自始至终不可放松的环节，贯穿整个教学过程的始末（刘铭，1985）。对外汉语教学中，词汇部分的教学不是一个孤立的环节，不仅要有词汇的基本积累的过程，也有词汇辨析和扩展的过程，从而丰富汉语学习者的词汇量；与此同时，学习汉语词汇的难点和重点也随之呈现，汉语词汇中所承载的时代特色、文化背景、感情色彩等成为分析特定场合下说话者和听话者之间社会关系的主要因素。我们查阅了由国家汉语水平考试委员会办公室考试中心制定的《汉语水平词汇与汉字等级大纲》（修订本）（以下简称为《大纲》）里的 8822 个词语，这些词语分为甲、乙、丙、丁四个等级。在这些词语中含有等级关系意义的动词有：

甲级（9 个）

上级对下级：

安排　表扬　辅导　检查　教育　考试　批评　下去

下级对上级：

请假

乙级（33 个）

上级对下级：

保护　保卫　补课　处分　处理　吩咐　分配　会见　会谈

控制　批准　签订　率领　支援　指导　指挥　制定　尊称　尊敬

下级对上级：

保护　保卫　报告　补充　补课　吩咐　服从　敬爱　违反

羡慕　选举　拥护　执行

丙级（43 个）

上级对下级：

保障　被迫　剥削　部署　裁判　操心　操纵　带领　逮捕

鉴定　奖励　考察　掠夺　培养　培育　强迫　审查　威胁

占领　占有　征服　整顿　指点

下级对上级：

罢工　拜访　拜会　报仇　报复　被迫　伺候　汇报　继承

检讨　敬酒　赔偿　陪同　佩服　请教　请示　上台　申请

尊重　应邀

丁级（158 个）：

上级对下级：

爱惜　安置　把关　霸占　颁布　颁发　绑架　包办　保证

暴动　逼迫　贬低　表彰　拨款　驳斥　补偿　补救　补贴

补助	裁决	裁军	操劳	查获	查处	猖狂	倡议	嘲笑
撤退	惩办	惩罚	崇拜	处罚	处决	处置	传授	打发
担任	缔结	督促	独裁	发布	罚款	奉献	抚养	抚育
告诫	跟随	管辖	贿赂	会同	会晤	检测	检察	教唆
教养	解雇	拘留	捐款	考核	控诉	廉政	落选	免除
勉励	奴役	派遣	判处	判决	培训	批改	批示	聘请
聘用	聘任	评比	评定	评估	评审	评选	签发	签名
签字	签署	签证	强制	清查	驱逐	任命	审定	审理
审批	审判	审讯	审议	授予	搜查	诉讼	肃清	贪污
提拔	通报	通告	通知	统治	下达	下放	下令	下台
下乡	挟持	选拔	选定	选取	验收	养育	栽培	增援
占据	掌管	招聘	招生	招收	征收	执法	执政	指令
制裁	追查	追究						

下级对上级：

哀求	爱戴	报答	报考	被告	逼迫	鞭策	贬低	崇拜
触犯	递交	跟随	检举	赔款	请愿	屈服	上报	上交
上任	上诉	申报	申述	提案	提交	提名	偷税	推选
行贿	瞻仰							

通过甲、乙、丙、丁四个等级的词语统计，可以发现等级关系动词在甲级阶段出现不多，在乙级和丙级出现的词语数量相当，在丁级中出现的等级关系动词较多，而且词义较为复杂。在对外汉语教学中，深入研究中国文化所处的语境，我们发现，说话人和听话人的社会地位以及角色是可以通过动词体现与分辨出来的。

一、"上"和"下"构成等级关系动词的特征

在现代汉语中，"上"和"下"构成了一个庞大的语义系统，从甲骨文的"上"字与"下"字可以发现，最初阶段这两个字表示纯粹的空间概念。我们知道，人在社会交往中扮演着一定的社会角色，这些角色又构成了错综复杂的社会关系。李宇明（1999）指出社会关系中较有特色的是权势关系和亲疏关系。人们不仅在实际的认知和表达上使用空间隐喻，而且

在社会关系及一些社会现象的认知和表达上，也经常采用空间隐喻。社会语言学家把具有等级差异和社会层级差异的社会关系，称为权势关系。如君臣之间的尊卑关系，领导与职员之间的上下等级关系，行政职权机构与当事人之间的职业等级关系，父母与子女之间的长幼关系等。在这些关系中，尊者、上级、长者等处于高位，卑者、下级、幼者处于低位。在《大纲》中带有"上"和"下"语素表等级关系的词语如下：

甲级：上对下——下去

丙级：下对上——上台

丁级：上对下——下达　下放　下令　下台　下乡

　　　下对上——上报　上交　上任　上诉

例如：

（1）事实正是如此，最终地方政府上报中央的财政收入比 2001 年猛增将近40%。

（2）如果一个哈佛经理经常将矛盾上交，势必会给上级造成"无能"的印象。

（3）因此，坚决支持汪诚信等5位专家向上级司法部门上诉，并希望我们的法律建设进一步尊重科学。

（4）中央的各项扶贫资金在每年年初一次下达到各个省、自治区、直辖市，实行扶贫资金、权力、任务、责任"四个到位"。

（5）有420多名助师级以上科技人员走出机关，下乡下厂搞技术承包。

（6）中央政府通过财政分权化改革将一些权力下放给地方政府，地方政府也被赋予了相当大的财政支配权。

例（1）中的"上报"、例（2）中的"上交"和例（3）中的"上诉"都有一个很关键的词素"上"；例（4）中的"下达"、例（5）中的"下乡""下厂"和例（6）中的"下放"都有一个词素"下"。李宇明（1999）指出权势关系常采用两种空间隐喻：地势隐喻和体积隐喻。在这些例句中，"上"和"下"这两个表示空间的词语，用结构"下＋V"或"下＋N"表示从高处向低处的运动，用结构"上＋V"或"上＋N"表示从低处向高处的运动，这种方向性运动正是以地势关系为背景的，也正是地势关系在权势关系上的投射。在例（1）、（2）和（3）中的行为是低势地位者向高势地位者递交资料、汇报思想或申诉，或是低势地位者因故要到高势地位者所在的地方，或是从低势地位升迁到高势地位，如此之类的社会行为，会用"上×"表示。"上报"和"上交"是给地位高的人呈上所需要的文件资料或是思想汇报和动态。相反，在例（4）、（5）和（6）中的行为是高势地位者向低势地位者移动或者行使权力，如此之类的社会行为，都用"下×"表示。"下达"和"下放"都是指高势地位者向低势地位者颁布法规命令或规章制度；"下乡"是高势地位者向低势地位者迁移的行为动作。例（5）中的"下厂"，虽不是《大纲》和《现汉》中收录的词条，但通过词语本身的语义解释和语境，不难判断是高势地位者向低势地位者的迁移。

当然，也有一些词在表示权势关系的时候，需要在相应的语境中做出判断，例如：

（7）林肯一上台，南方奴隶主们马上举起了叛乱的旗帜。

（8）小布什总统上台后，继续保持着建设"21世纪社区教育中心"的势头。

（9）轮到获奖人李书福上台了，他走路的动作明显放慢，好像是电影里的慢动作。

（10）只见日本人金子秀夫教授上台宣布：日本住友公司发明一种磁，能及30兆高奥的稀土永磁材料。

例（7）和例（8）中的"上台"与例（9）和例（10）中"上台"有着不一样的空间隐喻的效果。例（7）和例（8）中的"上台"是低势地位者向高势地位者移动的结果，说明行为主体"林肯"和"小布什"移位到了总统的位置。而例（9）和例（10）中的"上台"没有权势等级关系的体现，只是单纯的空间位置移动，从台下移到了台上，完成自己的演讲活动。

在对外汉语教学中，我们需要让学生意识到空间概念是了解中国社会、认识中国社会的重要基础，也是表达各种认知效果的基础。空间范畴和空间关系在人类的文化心理中有着极明确的等级关系图式。通过对空间隐喻规律的认识，有助于认识词汇的引申意义、语法格式等语言现象。

（二）与"教""育"和"养"有关的等级关系动词的特征

在中国，"家"的概念通常指由配偶关系以及父母、子女、兄弟等血缘关系所缔结的社会单位。中国人很重视"血缘",因而非常重视家庭,一个家庭或家族集团是由血缘关系、婚姻关系而形成的,因此具有一定的稳定性。林语堂(2012)说过:"中国的社会和生活是在家族制度的基础上组织起来的,这是尽人皆知的事实。这个制度支配着中国人的整个生活形态,渲染着中国人的整个生活形态。这种生活的家族理想是哪里来的呢?……一般人都认为其理论的基础是孔子所建立的,这种理论的基础极端重视夫妇的关系,视之为一切人类关系之本,也极端重视对父母的孝道。"

在中国古代,不孝是一种严重的犯罪。《孝经·五刑》中写道:"五刑之属三千,而罪莫大于不孝。"在隋唐律中,不孝被列属"十恶"范畴。此后,宋、元、明、清各个朝代都一一沿袭。在几千年的历史长河中,中国形成了尊老敬长的社会风尚。

在日常交际中,长幼尊卑的家族序列很容易延续至社会交往中,使得一些表现家族成员关系的动词体现了说话人和听话人之间的亲疏关系和类似父母与子女关系的泛化,例如:

甲级:上对下——教育

丙级:上对下——操心　培养　培育　培训

　　　下对上——伺候　赔款　赔偿　陪同

丁级:上对下——抚养　抚育　教唆　教养　养育　栽培

　　　下对上——哀求　爱戴　操劳

从甲骨文的字形我们可以看出,"教"的右边是一只手拿着一根教鞭(攴),左下方是一个"子"字,表示小孩儿,"子"上是两个交叉符号(爻),表示鞭打的痕迹,整个字形"教"是会意一个人手持教鞭在教育小孩儿。从甲骨文的字形来看,"育"左边是个"女"字(也有的字写作"母"字),右下方是个倒着的"子"字,表示胎儿头向下,会意胎儿刚被生产下,倒"子"下面还有些"点儿",表示胎儿刚出生时身上带的血水和胎液,整个字形就是会意母亲生育胎儿的情况。

(11)有啥办法哩,儿子们是他教养出来的,还在幼年时候就开始按照老汉的方式生活、为人处世。

(12)六十多岁的军属李义开说:"我活了几十年也没有见过这样好的孩子,真是毛主席教养出来的好青年!"

（13）参观中国人民革命军事博物馆时，（看到）赵一曼烈士曾有遗书留"宁儿"，道是"母亲不用千言万语教育你，只用实行教育你"。

（14）而且用这种美德，世世代代地教育着人们，鼓舞着人们前进。

（15）狗子立刻感觉到这是教唆他干坏事，爬起来，以一个男人的姿态扼住她的颈脖。

（16）赵家对太太顶不好，外老太太、两个舅太太都是这样，她们不但在外头讲闲话，还常常教唆虎少爷跟太太为难。

《说文解字》里说："教，上所施下所效也。"意思是说"教"字的本义就是在上面的施教，在下面的效仿之义。"教"的造字本义表示"学生对待老师要像在家里尊奉父母一样"。自古有"一日为师，终身为父"的说法，即视老师为父母。例（11）中的"教养"和例（13）中的"教育"可以从行为主体是父母和行为客体是子女的角度观察，都隐含着在家庭生活中父母对于子女的成长起到传递知识和提供生活必需品之义。例（12）中的"教养"和例（14）中的"教育"则没有提供生活必需品等父母供养之义，而是从宏观的角度抽象化了"教"和"养"的概念意义，转而用了他们的引申意义，即接受了某种思想体系和精神的熏陶与影响，从而形成了正统的行为处事的方式和思想理念。然而例（15）和例（16）中"教唆"有着反向意义，即行为主体是处于优势地位的人物，行为客体是处于劣势地位的人物，才会有这种不怀好意的唆使行为发生，是一种上对下的行为动作。

例如：

（17）这样做意在培养孩子的独立思考和判断能力，对孩子日后的独立生活很有好处。

（18）这体现出大学是先进思想交流的场所，同时，大学也培养了他们从事各种活动的能力。

（19）父母出于爱子女之心，从小不遗余力地把他们养育成人。

（20）结果是：添设马甲、护军、领催以及养育兵丁，饷项所得，每年不下数百万。

（21）关于农业科研教育推广的设施、规模、装备水平，它所拥有的培育专业人才的实力……

（22）广大教师正是以他们的辛勤劳动，起着这种传授科学知识，培育各种人才的桥梁作用。

（23）鸿渐这孩子，自己白白花钱栽培了他，看来没有多大出息。

（24）导师们把我们作为金融界的小苗来栽培。每次与他们交谈，我都有受宠若惊的感觉。

《玉篇》里说："育，生也。""育"本义为"生养""生育"，如《周易·渐》里说"妇孕不育"，意思就是说妇女怀孕了，但还没有生产。后来又引申出"养活""养育"之义，《玉篇》里说"育，养也"。又如《管子·牧民》里说"养桑麻，育六畜"，这里的"养""育"是对文，都是"养"的意思。再如《史记·文帝本纪》中说"朕下不能理育群生"，意思就是说我对下面不能管理养育百姓。《说文解字》里说："育，养子使作善也。"说明了"育"的"养子"之义。"育"有时与"养"义同，现在有些方言里仍把"生孩子"说为"养孩子"。到后来"育""养"的含义就有区别了。再后来就又引申出"培养""教育"之义，如《孟子·告子下》里说"尊贤育才，以彰有德"，意思是说要尊敬贤者，培养人才，表彰有道德的人。

例（17）—（24）中主要语素是"培""养""育"，行为主体是具有权势或者年长位尊者，或国家机构和组织单位，为行为客体提供了发展自我能力和提高个人素养的平台和环境，是上对下的行为动作。

然而在以下例句中，动词的等级关系意义就发生了变化。

（25）在良种培育方面，不仅要重视品种的高产、抗逆性强的性能，而且要注重品种的品质、消费习惯和营养价值。

（26）阿洪伯几十年来呕心沥血，培育了多少金谷银果啊！

（27）在红河和绿春等地，一些哈尼族村社还有栽培水稻的祭祀田，而每个村都有集体的祭祀水田。

（28）美国、日本等国已在沿海地区开辟大片海底种植场，栽培这种能源植物。

例（25）—（28）中的动词"培育"和"栽培"，因为这些动词具有自主性，所以行为动作的主体是生命度最高的人或国家机构等组织，但行为客体却是生命度很低的植物,在这种语境中这些词不具有等级关系意义，行为主体和客体之间不具有社会性的不对称关系。因为"养""培"尤其是"育"具有社会学意义上的人类的自我复制之义。人类具有生物性和社会性这两重属性。光有生物性而没有社会性，也不能称其为人，不能产生人际交往的言语过程。比如，孩子出生以后把他丢弃在原野上，结果被狼群收养，他就成了"狼孩"，吃食和狼一样，要把生肉丢在地上，他才肯去吃，而且是像狼那样光用嘴吃，绝不会用手把肉拿起来送到嘴里。后一种吃法是人类社会里人的习惯吃法。狼孩在生物学意义上是"人"，在社会学意义上是"狼"，是狼群养育了他，教会他狼群社会的习俗和规则。所以"狼孩"不是完整的人，只能算是半个人。所以，对生物学意义上的人，必须用人类社会的习俗、规则、理念加以培养，这就是"育""养""培"在人际交往中具有的社会等级关系。

（29）结婚后，孝敬公婆，伺候丈夫，或生儿或育女，不被丈夫打骂，就是万幸了。

（30）我们伺候这样的老爷太太，是我们底下人的福气。

（31）这位女市长还十分坦率地说，原来下放给企业的有些权力，近年来有的收回去，有的被"卡"住了，而且任何人如信贷员、税收员等如伺候不周都可治企业。

例（29）—（31）中的"伺候"具有下对上的不对称关系，即动词的行为主体是处于社会地位低的一方或家族辈分里年幼位低的一方，行为客体则是社会地位高的一方或家族辈分里年长位尊的一方。例（29）中的行为主体虽没有出现，但是通过语义的判断可知，是家庭中的妻子，男尊女卑的社会后遗症在这里以动词"伺候"体现出来；例（30）中的行为主体和行为客体之间是主人与仆人的不对等关系；例（31）中的"伺候"是从例（29）家庭地位的尊卑演化到例（30）的雇佣关系，再隐喻为例（31）中的社会不平等关系的，即信贷员和税收员有着特殊的职业权力，如果没有得到下级对上级般的优待和礼遇，就会为难企业。与"伺候"是近义词的词语还有"侍候""服侍""侍奉"，它们等级关系由弱到强的排序可以是这样的：伺候（服侍）＜侍候＜侍奉，"侍候"和"侍奉"都用于人，主要用于位高权重的人或长者，同时"侍奉"比"侍候"有着更多的尊敬的色彩。

三、与职业特殊性有关的等级关系动词的特征

根据中国职业规划师协会的定义，职业＝职能＋行业，这样才能算是

一个完整的职业。行政职权的特征离不开对"职"的认识，"职"在词典中
有许多含义，与我们所论的有关联的包括职务、职位、掌管等，其中职务是
指工作中所规定担任的事情；职位是指机关或团体中执行一定职务的位置，
因职位而获得职务，故行政职权的另一个特征应该是职位性。职位的特殊性
是赋予了行政主体以行政职权。在我国，行使立法权的全国人民代表大会及
其常务委员会、行使审判权的人民法院、行使检察权的人民检察院以及企
事业单位或个人，同时包括行政机关、被授权组织、受委托组织以及这些
组织中的行政公务人员可构成行政主体。这些有着行政职权的组织或个人
与普通民众相对而言，即形成了在特殊职权领域内的不对等关系，如逮捕
—被逮捕，审查—被审查，罚款—被罚款等。如《大纲》中的词语如下：

甲级：上对下——检查

乙级：上对下——批准

　　　下对上——违反　执行

丙级：上对下——逮捕　鉴定　考察　审查

　　　下对上——赔偿

丁级：上对下——裁军　颁发　颁布　表彰　拨款

　　　　　　　　补偿　补贴　补助　查获　查处

　　　　　　　　惩办　惩罚　处罚　罚款　检察

　　　　　　　　检举　拘留　判处　判决　批改

　　　　　　　　审理　审批　审议　审判　审讯

　　　　　　　　验收　征收　执法　搜查　派遣

　　　　　　　　签证　追查　追究

　　　下对上——控诉　偷税　赔款

　　在对外汉语教学中，同音异形字很容易带来学习上的困惑和干扰，比
如"检查""检察"，单是从字形上，就已经让汉语学习者头疼了，更何况
是要区别它们使用的场合。在词语教学中使用行为主体和行为客体之间的
等级差异就能够让这个问题变得简单易行。

例如：

　　（32）有的领导重会议部署，轻检查落实。

（《人民日报》1996-11-2）

（33）医院的检查结论是小智脑瘫。

（《法制日报》2000-8-22）

（34）警察在认真检查了他的证件后，才允许他把儿子带走。

（《环球时报》2000-9-15）

（35）国家行政机关、审判机关、检察机关都由人民代表大会产生，对它负责，受它监督。

（36）审查批捕工作，是国家赋予检察机关的一项重要职权。

"检察"和"检查"均有通过考查弄清事实之义，但是首先两者词义偏重不同。"检查"指调查考究或为了发现问题而仔细查看，偏重查看、调查；"检察"指审查被检举的犯罪事实，偏重审查核对。其次两者目的不同。"检察"依据的仅是法律条文，其行为目的是决定是否应逮捕、起诉等，如例（35）和例（36）。因此，"检察"属于国家司法部门的职权，只适用于被检举犯有罪行的机构和个人。"检查"没有固定的根据，多依据具体需要或情况来决定，目的多是为了发现问题及时处理，如例（33）和例（34）。但是在例（32）中的"检查"具有上级对下级工作落实问题的查看与思考，具有了上对下的等级关系。从词语组合功能来看，"检查"是及物动词，经常带宾语；"检察"是不及物动词。

（37）关于涉及教授的话，我们自然不能轻易听信，只好留待教育当局考察；关于青年升学的话，则显然含有多少真理。

（38）经过多方考察，证明张明任厂长职务是非常胜任的。

（39）通过考察，发现在公元前十四世纪左右，克里特岛发生了一次巨大的火山爆发。

（40）经过一段时间相互考察，如果双方都满意，就可以正式结婚。

"考察"有深入细致地观察调查之义，"考察"的对象可以是客观事物，也可以是现实人物，在不同的语境中需要判断行为主体和行为客体之间是否存在等级关系。例（37）中行为主体是地位较高的组织机构，即"教育当局"，即使例（38）中没有出现行为主体，它的隐形地位也比行为客体"张明"的地位高。但是例（39）中"考察"后跟客观事物，不存在等级关系；例（40）中的"考察"后跟人物，这里的行为主体和客体之间是相互观察和思考的关系，不具有等级关系含义。

（41）上级命令必须追查到这笔赃款。

（42）上面追查起来，我就顾不得你了。

（43）对造成严重后果，构成犯罪的，由司法机关依法追究刑事责任。

（44）要明确岗位责任制，对玩忽职守者要追究责任，切实改变管理混乱的现象。

例（41）和（42）中的"追查"侧重于根据事故发生的经过查清事由并追究责任，一般只用于违法违纪事件、事故或责任人。例（43）和（44）中的"追究"强调彻底加以探究，使用范围较广，除用于错误、罪过、事故等之外，还可用于不易理解的现象、事理，同时含有根据情节进行处置的意味。"追查"和"追究"的行为主体一般情况下是行政职权部门，他们有查清和探究违法违纪事件的职能和权力。在对外汉语教学中，让学生明白这些动词使用时，行为主体和客体之间存在着权力与职能上的主动与被动的不对称关系，对理解社会现象和了解中国文化有着极大的帮助。

第三节　等级关系动词的教学原则及教学方法

一、等级关系动词的教学原则

"第二语言教学原则是人们从一定的教育和教学目的出发，在第二语言教学实践基础上，根据对语言规律、语言学习规律和语言教学规律的认识而制订的指导整个教学过程和全部教学活动的原则。"（刘珣，2000）词汇学习是第二语言学习过程中一个不容忽视的环节，直接影响学生的语言组织能力和使用习惯。因此，教师应该在相应的教学原则指导下，采取行之有效的教学方法进行相关的汉语等级关系词汇教学，培养汉语学习者在不同的场合选择恰当的动词的能力，从而能够完成交际活动，实现交际目的。科学合理的教学原则能够有效地指导教学实践活动，有助于解决等级关系动词的教学过程中存在的矛盾。下面我们将探讨几种教学原则在等级关系动词教学中的实际操作。

（一）应用原则

应用原则在等级关系动词的对外汉语教学中最直接的体现就是在互动交际场合中，鼓励学生树立将语言的正确使用与社会结构相结合的意识。当人们使用语言时，他们会做许多事情，其目的是让听话者能够明白他们的想法和感受，因此说话人和听话人在选择和应用合适的动词时，要力求符合语境以及说话双方的社会角色。这样，通过动词的应用，说话人和听话人就可以确定他们之间的社会地位，使得交际活动顺利进行。在对外汉语动词教学中，等级关系动词具有重要的教学价值，应该让学生正确理解和掌握。

（二）递进原则

递进原则主要体现在两个方面：一是面对初级、中级、高级不同汉语学习阶段的留学生，教学内容、教学方法、教学要求等都要有一定的针对性；二是对于高频词汇、构词能力强的词汇，我们应该尽量优先教学。初级阶段的留学生刚刚接触汉语，掌握的汉语词汇有限，不了解汉语的语法规则以及等级关系动词背后蕴含的中国社会关系和文化色彩。那么，教师在讲解等级关系动词时，参考《大纲》，可以优先讲解甲级词汇和乙级词汇，如"表扬、辅导、教育、批评、请假、请求"等表示等级关系意义的动词。对于这些词汇，初级阶段的留学生在上下文的使用中，掌握一些比较简单的用法，了解等级关系动词的使用与行为主体和客体之间的社会关系，从而为进入中高级阶段的学习打下良好的基础。

中级阶段的留学生已经有一定的汉语基础，但对于汉语的使用还不是十分熟练。针对这个阶段的学生，教学内容以乙级和丙级等级关系动词为主，精讲多练，对于甲级和乙级祈使类言语行为动词要求复用式掌握，丙级词汇则只要求领会式掌握。高级阶段的学生已经有了丰富的词汇量，对于汉语语法、中国文化也已经有了一定程度的了解。教师应要求这一阶段的学生掌握《大纲》中的大部分等级关系动词，还要引进部分超纲词汇，同时要结合语境加强等级关系动词的练习。

（三）对比原则

在对外汉语教学中，教师不可避免地要使用对比原则。对比原则在等级关系动词的教学中表现在几个方面：上对下动词和下对上动词之间的对比、等级关系动词与学生母语对应形式之间的对比、学生母语中表现社会角色差异的语言表达形式对比等。教师在教学时，一定要注重汉语等级关系动词的使用特征，这样可以避免目的语知识的负迁移。以"批改"和"批示"这一组词为例，虽然有着共同的词素"批"，但是与中心词素"改"和"示"组合以后，就分化了"批"这个上对下动作的内涵，同时也可以分析出这两个等级关系动词的行为主体的职业差异，即"批改"多用于教师对学生作业练习的评阅和修改意见，而"批示"多用于上级机关对下级请示的问题表示意见。

在国籍比较单一的班级中，尤其在零起点或低水平的初级阶段教学中，教师将不可避免地使用学生母语进行教学。例如，母语为英语的学习者在学习等级关系动词时，教师就可以用英语告知学生所教动词的意思，并简要点拨与英语对应动词使用的不同之处，如汉语等级关系动词多是确定交际双方社会地位的关键词语，英语这类表示社会等级关系的动词不多，如 scold、allot 等，英语动词的选择更多体现的是正式和非正式场合的特点。类似于这样的动词对比，可以使教学简明易懂。当然，在对外汉语教学中，教师要注意掌握汉外对比的程度和途径。

（四）化难为易原则

这里的所谓化难为易原则，就是尽量将复杂的、抽象的语法内容或规则做简洁的、图示化的处理。大多数等级关系动词都可以进入主谓的结构中，即 NP＋V＋NP，教师举例说明这个格式的意思，如"处决"和"处置"这两个等级关系动词，"处决"的行为客体多是生命度最高的人类，构成了行为主体和行为客体之间上对下的等级关系，而"处置"后可跟生命度最高的人类，也可跟生命度低的动物、植物或物品，但是只有行为客体指人时才会产生上对下的等级关系意义。在循序渐进的教学过程中，不断强化行为主体和行为客体之间的角色差异和社会地位的不对称特征，这些动词的自主性和非自主性的区别以及行为客体指人或指物的区别等教学难点和重点。学生应该能在反复练习中掌握等级关系动词的社会文化的特征和用法，以后学习其他动词也能较快领会，在表达中也会使用相对高级的用法，不易犯错。

（五）结构、功能、文化相结合的原则

刘珣（2000）阐述了结构、功能、文化相结合的原则，即"结构是基础，功能是目的，文化教学要为语言教学服务"。在互动交际中，交际者的话语含义能反映出交际双方的"权势""等同"社会关系。我们应该通过分析语言来理解权力的社会分布，因为语言能够为社会等级结构中的权势差异的细微表现提供最精确的表述方式。

西方文化体系中强调社会成员的个性发展、相互平等和自我意识，"等同"理念是人们言语交际的价值导向，因此无论互动交际双方是对称的等同关系还是非对称的权势关系，说话双方都会尽量遵循礼貌原则，选择非指令性或委婉的指令性言语行为，西方人则通常会用"would you…""please…"等表建议性的、委婉请求性的指令句完成交际行为。在中国文化中，尊卑有别、长幼有序、等级分明是大众心理的价值核心，大多数中国人非常重视权势和身份，在非对称的话语角色关系中，高权势者对低权势者往往实施指令性言语行为来维护其权威，从而达到说话的目的。上级对下级、老板对员工、长辈对晚辈经常使用表命令性的动词如"下达""下令"，下级对上级经常使用表谦卑的动词如"请教""请示"等。

等级关系动词所在的话语具有"行事"的功能，因此结构、功能、文化相结合的原则对等级关系动词的教学具有指导意义。结构包括语法结构和语义结构，结构是基础，那么教师在讲解等级关系动词时，要让学生掌握动词的语义结构和所在句子的句法结构及其功能。功能是目的，学生学习结构的目的是为交际功能服务的，结构教学与功能教学必须紧密联系在一起。在学生掌握了等级关系动词的语义结构和所在句子的句法结构之后，教师应该有目的地创设各种交际情景，引导学生使用含有等级关系意义的动词进行话语交际训练。文化教学要为语言教学服务。文化教学是为了让学生了解中国的社会结构和文化传统及其演变的历史特征，有助于培养学生的汉语思维能力。在现代汉语等级关系动词中，有一部分动词如"尊敬、敬爱、敬酒、应邀"，等等，都体现了中国人在行为举止上具有谦逊有礼的一面，在互动交际中，中国人为表达对他人的尊敬，常常使用一些抬高对方地位、降低自己地位的敬辞，这一点在对西方留学生教学时可以随时提出来，加强其社会文化意识。

二、祈使类言语行为动词的教学方法

帮助留学生恰当得体地把汉语词语运用到句子中去，是对外汉语教学研究的一个重要课题，也是每个任课教师经常要面临的问题，如果准备不充分，课堂上面对学生的提问，往往会被搞得措手不及。因此，怎么在课堂上进行词语用法教学和对比训练，这是课堂教学，特别是中高级阶段汉语教学不能回避的问题。

具体教学方法的产生，应该以大规模的教学实践活动以及留学生的汉语等级关系动词习得情况调查为基础。在这里，仅简要论述等级关系动词在对外汉语教学中应该侧重的教学方法。

（一）翻译教学法

翻译教学法是"用留学生的母语或者媒介语来翻译汉语等值对应词，或者用来解释非常难以解释的抽象意义的词语的方法。"（蒋可心，2001）翻译教学法一般在语种单一的初级阶段的教学环境中较常使用。在等级关系动词的对外汉语教学中，教师采用翻译教学法，有助于学生高效理解词语的意思。比如：请教—consult、惩罚—punish、教育—inculcate/educate等。但是在课堂教学中，教师不能过多依赖词语的翻译，因为两种语言的词汇翻译不是一一对应的，也许是一个词对应多个翻译词语，或者多个词对应一个翻译词语，过度使用翻译教学法反而会干扰学习者从中国文化的角度理解词语的用法，同时会让学习者始终依赖母语和词语翻译，会减慢学生在初级阶段掌握基本词汇的速度，反而不利于培养汉语学习者的语言使用能力。

（二）对比教学法

杨寄洲（2004）指出，从对外汉语教学的实践来看，词语对比不能仅仅止于语义理解这一层面，而是要求学习者会用，"会用"才是课堂教学最终要达到的目的。用，就是要把一个词语放在一个具有交际意义的句子中，词语用法的异同最终是靠句子来鉴别、来对比的，因为句子是交际的基本单位。用句子来对比等级关系动词的用法，既简单明了，又具可操作性。这里谈论的对比教学法并不仅仅局限于母语和目的语的翻译及结构的对比，还包括汉语等级关系动词中同族词的对比以及近义词的宾语成分生命度的对比等。

有些等级关系动词因其含有相同的词素，看似有近义关系，其实则不然，这就需要在教学过程中，对比这些等级关系动词搭配对象、行为主体的差异、行为客体生命度的高低，对比这些词语的感情色彩、使用的场合等，例如"签发、签字、签名、签署、签证"这组词，"签署"尤指国家元首对重要文件的确认或批准，是国家元首一种象征性的国家主权者行为；"签发"是指机关或部门领导人对拟以本机关或本部门名义发出的文件送审稿签署表示核准的意见；"签证"是一个国家或政府对于那些持有效护照的外国人要求入境而签发的证明文件；"签字"指缔约国的元首、政府首脑、外交部长或其他授权的全权代表在不同形式的双边或多边条约的正式文本上签字，以表示对条约文本的正式认可；"签名"即自己写自己的名字，尤其为表示同意、认可、承担责任或义务。这 5 个词语中共同的词素是"签"，是指施事发出的行为动作，但是条件词素决定着行为动作的语体色彩、形象色彩等色彩义的变化。教师需要通过对比这些词的词义和用法来让学习者尽快掌握它们。让学生自己从这些角度做对比，有助于加深他们对这些词的理解和记忆。

（三）类推教学法

根据布朗（2000）的观点，"类推"指的是从所学习和观察到的事物中类化和归纳出某些规律性、条例性和结论性的东西。类推教学法是指通过已学的目的语知识去推导与之性质相近的未学的目的语知识。"类推"是人类学习中一个非常重要的、占主导作用的学习方法。在对外汉语动词教学中可采用此教学法，因为等级关系动词有一部分同族词，这些词的性质相近，用法也比较相近。例如甲级等级关系动词中的"请假"、乙级动词的"请求"、丙级动词的"请示"、丁级动词的"请愿"这一组词。"请假"和"请求"是初级词汇，学习者一般会较早接触；而"请示"和"请愿"是高级词汇，接触较晚。可以先让学习者通过"请假""请求"的用法推知"请示""请愿"的用法，然后再通过对比教学法探讨这四个动词的不同之处。类推教学法和对比教学法的结合使用，有助于学习者较快掌握等级关系动词的同族词，使他们在汉语交际中不易发生错误。

第四节　小结

　　第二语言教学把培养学习者运用语言进行沟通的能力作为目的，所以对外汉语语法教学的重心，是学生对语言规则的掌握和这些规则在实际交际环境中的使用，而不在于语法知识的单纯学习。语言是一种能力，因此学习语言强调的是"用中学"，但是语言也是知识，包含着文化，强调"用"的同时，更不能忽视"学"。因此，课堂上每解决一个问题，完成一项任务，不仅要让学生就事论事地学会解决该问题、完成该任务，更重要的是让学生从中"学（领悟）"到什么。"用中学"的中心词还是"学"，而"学"的关键则是学生是否掌握了语言的规律和语言使用的规律，是否能举一反三解决类似的新问题。

　　现代汉语的等级关系动词分析从社会语言学的角度对这类动词做了新的分类和阐释，更细致地剥离出等级关系动词的社会功能。在互动交际中，恰当的等级关系动词的使用，可以充分确定交际双方的社会地位和身份。汉字实际上是一种语素文字，字与语素基本上是重叠的。抓住构词的最小单位——语素，并以此作为一个教学层级，就是抓住了汉语词汇及词汇教学的根本特点和要诀（肖贤彬，2002）。动词是交际中不可缺少的语句成分，是下达指令、传递信息、执行命令等一系列行为动作的指挥者。对外汉语教学中，对等级关系动词的教学不能简单地把重点放在结构的分析上，应按照人类言语活动从意念到言语形式的顺序，从功能出发进行结构教学，而不是按传统的从形式到意义的顺序、以教授结构为出发点，要重点突出功能的教学，既要考虑到结构的系统性，也要注意到功能的系统性。同时，文化教学是语言教学不可或缺的一部分。语义和语用的教学，作为语言交际能力一部分的社会语言能力、话语能力和策略能力的培养，都离不开文化教学。文化教学要紧密结合语言教学，着重揭示语言交际中的文化因素，介绍目的语国家的基本国情和文化背景知识。总之，结构、功能、文化的结合应贯穿语言教学的始终。一般说来，初级阶段以结构为主，中级阶段要加强功能并巩固、扩展结构，高级阶段文化教学，特别是目的语国家国情和文化背景知识的教学分量应逐渐加大。

第七章
服务"一带一路"的媒体报道中等级关系动词探究

新疆位于中国西部边陲，起着东连西通的作用，也是古代丝绸之路的西域通道，因此是"一带一路"的重点发展区域。张燕生（2016）建言："新疆抢抓国家'一带一路'的机遇，需要构建好三个三小时经济圈：以乌鲁木齐为中心的西部三小时经济圈；新疆和周边国家的三小时经济圈；新疆与丝绸之路经济带沿线重要城市和经济集聚区构建的一小时及三小时经济圈。"

伴随全国网络问政的高潮，乌鲁木齐作为新疆的首府，是座拥有百万人口的城市，更应积极投入网络问政平台的建设中，给各族人民提供一个与政府对话的平台，有效地实现各族群众的知情权、参与权、表达权和监督权。2011 年 5 月 26 日乌鲁木齐红山网上线，标志着网络问政工作在乌鲁木齐全面推开。红山网是以"百姓问政通道，民生服务平台"为办网宗旨的乌鲁木齐综合门户网站。网站集合了时政、社会、财经、娱乐、体育等新闻资讯，汇集了便民、数码、女性、汽车、旅游等服务信息和各类专题页面。

2013 年 9 月 7 日，习近平主席在出访中亚国家期间，首次提出共建"丝绸之路经济带"。同年 10 月，习主席又提出共同建设"21 世纪海上丝绸之路"，二者共同构成了"一带一路"重大倡议。随即，红山网开通了新的板块——"一带一路"，包括：亚太经济圈、欧洲经济圈、国内经济圈、政策沟通、道路联通、贸易畅通、货币流通、民心相通、交通、金融、能源、通信、农业、旅游这十四个子项目[①]。本章主要以 2014 年 2 月至 2016 年 12 月红山网中"一带一路"板块中五个方面的新闻报道作为研究对象，即政策沟通、设施联通、贸易畅通、资金融通和民心相通[②]。

第一节　红山网有关"五通"新闻报道的统计分析

随着"一带一路"倡议的提出和相关建设的推进，有关"一带一路"

---

① 红山网上的"道路联通、货币流通"分别对应的是"一带一路""五通"中的"设施联通、资金融通"，为了保证"五通"名称的一致性，下文统一按此改。

② 以下行文中简称为"五通"。

的新闻报道数量猛增，国内外的互联网和移动网络新媒体针对"一带一路"的新闻报道更是铺天盖地。邢欣、邓新（2016）指出所谓网络新闻，是指一种新的语言方式，它突破了传统新闻的传播方式，以网络为载体，在大众传播方面给予新闻接收者以新的体验。凭借时效性和便利性，网络新闻已经成为当代人们接收信息的重要途径。"一带一路"倡议提出后，对于相关政策的解读以及区域之间合作的介绍说明也借助网络媒体如火如荼地展开了。网络媒体的传播特点在于发布及时、更新速度快，在重大事件发生时基本能实时更新，甚至能全程直播。

红山网是"丝绸之路经济带"核心区重要的新闻报道窗口，是乌鲁木齐的综合门户网站，具有很强的地方特色，有关"五通"的新闻报道也是时时更新，报道及时。如表 7-1 所示。

表 7-1　红山网 2014—2016 年"五通"新闻报道数量统计

"五通"	创建时间	2014 年网络新闻报道	2015 年网络新闻报道	2016 年网络新闻报道	合计
政策沟通	2014 年 3 月 7 日	75	15	6	96
设施联通	2014 年 4 月 10 日	45	9	24	78
贸易畅通	2014 年 4 月 17 日	39	14	13	66
资金融通	2014 年 2 月 24 日	29	1	1	31
民心相通	2013 年 10 月 14 日	44	6	13	63
合计		232	45	57	334

通过表 7-1 的数据统计可以发现，2014—2016 年三年间有关"五通"的网络新闻报道以 2014 年的数量为最多，占 69%，2015 年和 2016 年的网络新闻报道数量各占 14% 和 17%，远远低于 2014 年的新闻报道数量。在这三年间，有关政策沟通的网络新闻报道占 29%，有关设施联通的网络新闻报道占 23%，有关贸易畅通的网络新闻报道占 20%，有关资金融通的网络新闻报道占 9%，有关民心相通的网络新闻报道占 19%。由统计数据可知，在"五通"中居于重要地位的是政策法规，政策法规在一切经济文化社会发展中发挥着指导、引领、监督、调控等宏观的政治作用和功能，为其他"四通"的顺利开展保驾护航；设施的联通和贸易的畅通是相辅相成的，设施引导着贸易的发展途径和方向，贸易刺激着设施的高速运转；民

心相通主要以区域间的文化交流、节日庆典、民间活动往来等为主要形式，从语言发展和文化沟通的角度，不断扩大拓宽"五通"的渠道和层次；有关资金融通的网络新闻报道最少，这种现象有可能和"一带一路"沿线国家银行业务的特色和资金融通速度及程度有关，需要在稳步发展中建立具有良好服务品质的跨国银行业务。

第二节　红山网新闻标题的等级关系动词特色

新闻标题是新闻的组成要素之一，是新闻的"眼"，是新闻的重要组成部分。徐宝璜（1994）认为，标题的作用首先是指导阅读；其次是吸引眼球；再次是活跃版面。网络新闻标题是指网络媒体以互联网作为媒介发布的新闻报道的标题，简单明了地揭露新闻信息，吸引读者阅读。网络新闻标题有广义和狭义之分。广义的网络新闻标题包括文字、图片及视频新闻的标题。狭义的网络新闻标题只包括文字新闻标题。本节的研究对象属于狭义的网络新闻标题，以红山网"五通"中的新闻报道标题为主，探析这五个方面等级关系动词使用的特色。

一、政策沟通的新闻标题特色

政策沟通是指构建多层次政府间宏观政策沟通的交流机制，加强政治互信，达成合作新共识，为"一带一路"建设提供的重要保障，使各个国家的发展规划及区域经济发展战略与"一带一路"倡议进行充分的对接。

（1）中国和平攻势：海陆丝绸之路重塑周边外交（2014-2-22）

（2）西安自贸区方案拟6月上报 谋丝绸之路经济带（2014-4-16）

（3）外媒：习近平呼吁以丝绸之路精神促中阿合作（2014-6-6）

（4）西安：专家呼吁建设丝绸之路经济带超级园区（2014-5-12）

（5）柬埔寨响应"21世纪海上丝绸之路"建设（2014-4-27）

（6）专家解读：新丝绸之路充满文化内涵（2014-5-5）

例（1）中的"重塑"和例（6）中的"解读"都具有上对下的语义特

点，例（1）中的"塑"意指塑造，显示了中国在世界政治舞台上的国势与威信都很高，有能力和信心重新构建与周边国家的外交关系；例（6）中"解读"的行为主体是具有学术素养和专业知识的学者专家，因此"专家解读"具有自上而下的权威性。例（2）中的"上报"和例（5）中的"响应"具有下对上的等级关系，例（2）中的"上报"的行为主体是西安，它拟向更高一级组织或机构提交自贸区方案；例（5）中柬埔寨是一个东南亚发展中国家，"一带一路"的建设会给这个国家带来难得的发展机遇，故这个国家自下而上地参与到"一带一路"的建设中来。例（3）中的"呼吁"与例（4）中的"呼吁"语义上略有不同，例（3）中"呼吁"的行为主体是中共中央总书记，他是站在一个国家领导人的位置上积极促成中阿合作的历史进程，如同在第三章第四节中提到的居于上位的动词特性，"呼吁"这个动词在这个标题里不具有动向性的移位，而是权势高的人发出的行为动作；而例（4）中"呼吁"的行为主体是专家，他们是以集体的形式向更高一级的政府机构或集团提出建设性意见，希望能够被采纳，因此具有下对上的等级关系意义。

（7）李克强重庆部署长江经济带建设（2014-4-29）

（8）中塔专家：借力丝路经济带推进两国战略合作（2014-6-3）

（9）政协委员建言建设丝绸之路经济带（2014-4-23）

（10）专家学者为青海融入丝绸之路经济带建言献策（2014-6-11）

（11）专家学者建言献策丝路新起点（2014-6-26）

（12）学者建言：借新丝路保古骆越水事文化根源（2015-2-6）

例（7）中的"部署"具有上对下的动向性行为动作，李克强作为国务院总理向下一级领导人布置工作任务。例（8）中"借力"的核心词素是"借"，即表明在某方面有所欠缺，需要更高层次的帮助与扶持，是下对上的行为动作。例（12）中单音节"借"具有相同的语义特征。例（9）—（12）中"建言""献策"的核心词素分别是"建"和"献"，"建"指由不完善到完善的过程，"献"则是由地位低的人向地位高的人奉上自己的珍贵的东西之义，均是下对上的行为动作。

（13）专家谈丝绸之路：造福欧亚大陆30亿人（2014-6-18）

（14）韩保江：丝路经济带 造福沿途各国人民的大事业（2014-7-3）

（15）秉承丝路精神　推动中国高铁走出去（2015-11-30）

（16）联合国倡导打造绿色"丝绸之路经济带"（2014-9-3）

（17）专家称广东可借海上丝绸之路建设提升开发水平（2014-6-14）

（18）习近平会见孟加拉国总理哈西娜（2014-6-11）

（19）与"一带一路"沿线深化合作　杨雄会见格鲁吉亚第一副总理（2016-7-28）

例（13）—（14）中的"造福"和例（16）中的"倡导"具有居于高位不下行的特点，"造福"的行为主体是"丝路经济带"这个抽象的概念，给百姓带来无限福音，"倡导"为倡言、引导之义，这两个词不具有位移性，而是保持高位不变。例（15）中的"秉承"无论行为主体是地位高的人还是地位低的人，这个等级关系动词都具有一个方向性，即下对上的等级关系，有"接受、承受"来自上级的任务或命令之义。例（17）中的单音节动词"借"与例（8）中的"借力"同义。例（18）—（19）中的"会见"也是一个居于高位不下行的动词，因为这是一个外交场合常用动词，指两个国家中地位最高或者较高的领导人之间的会晤。

在政策沟通的板块里，新闻报道多使用"呼吁""借言""献策""会见""造福"等诸如此类的等级关系动词，在数量对比上，上对下和下对上等级关系动词没有明显的数量差异。

二、设施联通的新闻标题特色

"一带一路"优先建设的领域应该是基础设施。中国政府提倡在尊重相关国家主权和安全关切的基础上，加强沿线国家之间的基础设施规划与标准体系的对接，共同推进国际骨干通道建设，逐步形成连接亚洲各次区域以及亚欧非之间的互通互联的基础设施网络。

（20）东帝汶总理：丝绸之路倡议可成为国家合作新模式（2014-4-10）

（21）民航局：积极协助陕西省建设丝绸之路航空枢纽（2014-5-22）

（22）中欧班列助推新丝绸之路经济带建设（2014-8-5）

（23）兰州铁路局全力保障丝绸之路经济带上物资运输（2014-8-7）

（24）"渝新欧"实现双向畅行　助推西部丝路经济带（2014-8-8）

（25）广西高铁助推"海上丝绸之路"运输提速（2014-8-25）

（26）"一带一路"助推中欧食品和物流产业合作（2015-11-10）

（27）"一带一路"首铁建成力促世界发展（2016-8-26）

（28）中欧班列领跑"一带一路"（2016-10-25）

（29）中欧班列提升"一带一路"战略"红利指数"（2016-11-14）

例（21）中的"协助"，例（23）中的"保障"，例（22）、（24）、（25）（26）中的"助推"和例（27）中的"力促"，均有下对上的行为特征，即行为主体处于大格局中的小部门，履行部门职责为"丝绸之路经济带"的繁荣发展贡献力量。例（28）中的"领跑"和例（29）中的"提升"则说明行为动作的主体本身具有一定的优势，或居于高位，因此在"一带一路"经济建设中具有模范带头作用。在设施联通的板块里，新闻标题里更多的使用了下对上的等级关系动词，同时，为了突出"道路"的特点，标题中使用了"推""领"等与动力牵引和道路前行有关系的动词词素，生动形象地描述出设施联通的必要性和重要意义。

三、贸易畅通的新闻标题特色

"一带一路"建设的重点内容是投资贸易合作，中国与"一带一路"沿线的东欧各国大力推动贸易和投资便利化，不断改善营商环境，积极同沿线国家和地区共同商建自由贸易区。

（30）深化投资合作助力丝绸之路经济带发展（2014-4-17）

（31）商务部新设欧亚司促建丝绸之路经济带（2014-4-17）

（32）中国与非洲四国签署丝绸之路经济带合作倡议（2014-6-24）

（33）福建融入"一带一路" 服务"两个大局"（2015-7-29）

（34）厦门"9.8"洽谈会引多国竞逐"一带一路"新机遇（2015-7-31）

（35）台商盼借"一带一路"向西转型落地发展（2016-7-11）

例（32）中的"签署"是一个新闻外交词语，指国家元首对某一议会或政府文件的确认或批准，这种国家元首的签字行为是一种象征性的国家主权者行为，表明了国家或政府责任，因此是一个居于高位不下行的等级关系动词。例（30）中的"助力"、例（31）中的"促建"、例（33）中的"服务"、例（34）中的"竞逐"、例（35）中的"借（力）"都是下对上的等级关系动词，表明行为主体是地位较低的机构或团体，为了更高的发展目标，将倾尽所有的潜能而奋斗。在贸易畅通的板块里，多使用下对上的等级关系动词，表明各国、各区域或不同的组织机构不愿意失去"踏上丝绸之路经济带发展的列车"的机会，因此都表现出积极的态度参与到"一带一路"发展的大潮中。

四、资金融通的新闻标题特色

资金融通既是"一带一路"倡议本身的重要组成部分，也是"一带一路"建设的重要支撑，主要内容包括深化金融合作、推进投融资体系和信用体系建设、扩大沿线国家双边本币互换、结算的范围和规模。

（36）陕西申报丝绸之路经济带自贸园区（2014-3-25）

（37）拉脱维亚欲借央企大平台打通丝绸之路（2014-5-13）

（38）中国清真食品产业借"新丝路"拓展国际市场（2014-5-20）

例（36）中的"申报"是最典型的下对上的等级关系动词，行为主体"陕西"需要向更高一级的机构递交申请方可。例（37）和例（38）中的"借"都有借助更高一级的平台或机构组织的力量来发展自己的实力的意思。资金融通板块里新闻报道不多，三年里共有31篇，故没有太多具有金融特色的词语出现。

五、民心相通的新闻标题特色

民心相通是"一带一路"建设的社会基础。通过沟通，增进相互了解、信任和友谊，使沿线各国能"心往一处想，劲往一处使"，联手推动"一带一路"建设。大量案例表明，民心通，则经济合作事半功倍，不通则会事倍功半。民心相通是一项"慢工细活"，需要国家、智库、企业、民众长期不懈的努力，它不会因经济合作深入而自动实现。

（39）张艺谋助力文化交流　到访土库曼斯坦（2014-4-30）

（40）借力海上丝路　深化交流合作（2014-5-14）

（41）深化媒体交流合作　助力丝绸之路经济带建设（2014-9-1）

（42）发展维吾尔族医药　助力"丝绸之路经济带"建设（2015-3-16）

（43）助力"一带一路"医学先行先试（2015-10-16）

（44）社科院培训"一带一路"沿线国家青年学者（2016-8-26）

例（39）—（43）中出现了"助力""借力"，都是行为主体处于地位较低的位置，需要利用"一带一路"的平台走向世界的舞台，发展自己的产品和实力。例（44）中的"培训"是上对下的等级关系动词，行为主体是处于学术领先地位的中国社会科学院，而"一带一路"沿线国家有很多发展中国家，无论经济实力还是文化实力都没有中国雄厚，因此他们愿意将自己的青年学者送到中国来接受更好的教育和训练。在民心相通的板块里，下对上的等级关系动词的使用多于上对下的动词的使用，这也说明"一带一路"沿线国家都渴望借这个历史的契机，借助中国在世界舞台上的地位，让自己国家的文化"走出去"，让更多的人了解他们国家的文化与风俗。

报刊新闻标题既能体现出语义、语用和美学功能的完美结合，又通过其及物系统实现构筑社会现实、传播意识形态的概念功能，可见新闻标题的重要性。我们处在信息社会的时代，新闻网站应运而生，网络新闻标题比传统媒体的新闻标题承担着更重要的作用，可以让人更快捷地获取大量信息。标题始终都是新闻报道的"眼睛"和"广告牌"，它以简洁、生动和具有说服力的表现形式提示、概括和传递新闻的内容，引导读者继续阅读。一个成功的新闻标题是一则新闻成功的必然前提。

通过对红山网的五大板块进行数据统计分析，我们发现动词的使用体现新闻语域词汇特点，等级关系动词也是其中一个不可忽视的"群体"。随着信息时代的到来，人们工作、生活节奏变快，读者越来越想通过"读题"获得更大的信息量。为了满足读者需求，往往一则新闻标题要尽可能地提供更多的信息量。因此，新闻标题相当于一则短新闻。网络新闻标题在一定程度上，符合新闻报道的五个"W"要素。五个"W"要素之一"Who（谁）"就需要表示人或事物的名词来充当，高频词中的"习近平""李克强""书记""政府""官员"这些名词来表示"谁"，突出新闻的主要因素，在新闻语言中的地位很重要。不像新闻报道，为表达简洁，常用代词，网络新闻标题不常用代词，是由于代词经常指代不明，容易误导读者。为了报道的时效性、陈述的完整性，五个"W"要素中的"When（何时）""Where（何地）"是必不可少的。从语法上来讲，名词常做主语、宾语、定语，充当的成分比较多。新闻要把世界的变化呈现在读者面前，作为新闻之"眼"的新闻标题，以多种方式表现新闻事实的动态性特征，吸引读者，让新闻事件得到关注。因此，动词在新闻语言中占有重要地位。从语法上来讲，谓语连接主语、宾语，多由动词来充当。新闻标题要体现出语言经济的原则，也有使用单音节动词的现象，但是这不影响我们通过行为动作的主体判断动词的等级关系的方向性。

第三节　新闻语篇中等级关系动词的特点

红山网作为新疆首府乌鲁木齐的网络门户窗口，以"社交式传播"的方式和以前的"权威式传播"模式，很快拉近了政府与民众的心理距离，提升了政府公信力和执政力。目前，人们获取新闻信息，主要是通过官方和民间两个渠道，官方渠道是由权威媒体所组成，这方面的代表主要是指传统媒体的网络平台，它们依托传统媒体的影响力和公信力能够迅速吸引受众，在传播效果上也以此形成了强势传播效应。

一、政策沟通中等级关系动词的使用

政策沟通被称为"一带一路"建设的"五通"之首，是共建"一带一路"的重要保障。时任瑞士联邦主席洛伊特哈德讲了一个生动的例子：过去欧洲不同国家之间铁路轨距不同、电源插头也不同，给互联互通带来了很大困扰。后来，欧洲国家间通过政策沟通，统一了轨距和操控系统，统一了电源插头，这就降低了合作成本，方便了人员的流动与贸易的流通。这个案例也可以给"一带一路"建设以启发和借鉴。大家一起努力，就可以克服困难、成就大业。"一带一路"沿线国家按照共商、共建、共享的原则，共商合作机制，共建合作平台，创新合作方式，开展广泛务实合作，造福各国人民。在政策制定、实施、执行、落实和评估过程中出现了很多等级关系动词。自 2014 年初到 2016 年底红山网有关政策沟通的新闻报道有 96 篇，总字数约 14.7 万字，下面从上对下和下对上的等级关系序列中分析等级关系动词的特点。

（45）2013 年年底，国家发改委和外交部举行"推进丝绸之路经济带和海上丝绸之路建设"座谈会，通报交流工作进展、听取地方及有关部门意见建议后，部署下一步工作。

（46）记者 15 日获悉，西安自由贸易园区建设方案，按计划由西安市负责研究起草，将于 6 月份推出，争取列入国务院下一批审批同意建设名单。此举将成为推进向西开放战略和构建丝绸之路经济带这盘"大棋局"上的重要一子。

（47）江苏省红豆集团与柬国际投资开发集团共同投资经营的西哈努克港经济特区是中国商务部批准的首批境外经贸合作区之一，协议投资3.2 亿美元，目前已有来自多个国家的 54 家企业进驻。

（48）陕西省在 2014 年《政府工作报告》中强调要着力打造丝绸之路经济带新起点，加快建设内陆开发开放高地。陕西在丝绸之路经济带建设中的主要优势表现在文化、交通和优势产业三个方面。

（49）多国学者和官员 22 日在北京高度评价中方提出的构建丝绸之路经济带的倡议，表示愿意积极支持经济带建设，认为这有利于推进世界经济发展与和平进程。

据统计，在政策沟通板块的新闻报道中，例（45）中的"通报"出现了 2 次，"听取"出现了 4 次，"部署"出现了 12 次，例（46）中的"审批"出现了 3 次，例（47）中的"批准"出现了 10 次，例（48）中的"强调"出现了 28 次，例（49）中的"评价"出现了 6 次。这些等级关系动词的使用，说明了政府作为一个国家机构和组织对于政策的制定、落实等方面的执行力。

（50）2010 年 5 月，中央新疆工作座谈会提出在喀什、霍尔果斯各设一个开发区，赋予特殊政策和灵活措施，将其建设成为中国向西开放的窗口和新疆经济新的增长点。

（51）李克强总理刚刚结束对非洲的友好访问。李总理在访问尼日利亚和肯尼亚时，分别与这两个国家达成了中国援建高速铁路的重要协议。

（52）中国是阿富汗可靠的伙伴，为阿富汗发展提供支持和帮助。中国是第一个在阿富汗投资的国家，帮我们培训专业人才。特别是我们在遭遇自然灾害或其他灾难时，中国总会第一时间提供援助。中国在教育和培训，以及重建中的其他方面都给阿富汗很多帮助。中国是阿富汗的好朋友。

（53）在柬埔寨，中国援助随处可见。在中国政府提供的无偿援助和优惠性质贷款资金支持下，中国企业在柬修建了许多的公路、桥梁、水利设施，其中包括新建、改造公路20条（国道18条、省道2条），里程达2351公里。

（54）青少年是世界和亚洲的未来，应当鼓励和帮助青年人加强交流，这件事的重要性怎么强调也不为过。

在政策沟通板块的新闻报道中，例（50）中的"赋予"出现了4次，例（51）中的"援建"出现了2次，例（52）中的"帮助"出现了25次，"支持"出现了86次，"培训"出现了8次，例（53）中的"援助"出现了13次（虽然多数情况下是在句子中充当名词性成分，但是不影响这个词作为动词的使用特点），例（54）中的"鼓励"出现了14次。这些优势劣势等级关系动词的方向性多是外向性的指示，体现了中国强大的综合国力和良好的国际声誉，在"一带一路"建设中发挥着举足轻重的作用。

（55）近代以来，亚洲国家落后了，饱受列强侵略、殖民之苦，面对外部强势文化的冲击，亚洲国家珍爱自己的历史文化，维护自己的价值观根基，今天亚洲人不会陶醉于过去的光荣历史，也不会为历史悲情所累，而是从传统文化中汲取自强、创新的营养，谱写美好的历史新篇。

（56）600多年前，郑和率领当时世界上最强大的团队到访东南亚各国，带来的是好东西和珍奇异，东南亚人民感念郑和。

例（55）中的"侵略"出现了2次，例（56）中的"率领"出现了3次。这两个例句均出自新闻报道《丝绸之路的复兴：对话亚洲领导人分论坛实录》，该报道对古丝绸之路有一段叙事性的描述，因此在政策沟通板块里出现了这样具有文学色彩的内容，"侵略"指负面事物、人或群体占据强势地位，居于上位，而被侵略的弱势群体居于下位，构成了不平等的关系；"率领"多指具有卓越才能的人引领大众出战或完成伟大的事业，属于上对下的等级关系动词。

（57）李克强说，要以沿江重要港口为节点和枢纽，统筹推进水运、铁路、公路、航空、油气管网集疏运体系建设，打造网络化、标准化、智能化的综合立体交通走廊。

（58）近期，双方将重点探讨商签《中国东盟睦邻友好合作条约》，启动中国-东盟自贸区升级版谈判，建设"21世纪海上丝绸之路"，筹建亚洲基础设施投资银行，办好中国-东盟文化交流年活动。

（59）近年来中国倡议"中巴经济走廊"以及"中印缅孟经济走廊"，将造福中国与南亚以及东南亚，已经得到相关各方的积极响应。习近平主席去年出访中亚与东南亚，提出了"一带一路"（即"丝绸之路经济带"与"21世纪海上丝绸之路"）的倡议，这对造福亚洲东西海陆走廊上的国家与人民，对增进亚洲的稳定与和平，意义十分重大。

（60）中国作为海洋大国、负责任的大国，肩负重任，不仅应为本国的海上航运安全深谋远虑，还必须对地区乃至全球构建海上交通运输安全体系做出应有的贡献。

政策沟通板块中，例（57）中的"打造"出现了109次，例（58）中的"启动"出现了19次，"筹建"出现了3次，例（59）中的"倡议"出现了52次，例（60）中的"肩负"出现了4次。从这些动词的使用可以看出，中国是以高姿态、引领者的角色在"一带一路"政策推进和执行方面负有历史使命的。

（61）省委书记、省人大常委会主任罗志军率江苏省党政代表团今天抵达新疆，就贯彻落实第二次中央新疆工作座谈会和习近平总书记重要讲话精神，全面推进对口援疆和两省区合作交流进行考察交流。

政策沟通板块中，例（61）中的"对口援疆"出现了4次，这是一个专属新疆发展的历史性的新词语。2010年3月30日，全国对口支援新疆工作会议在北京闭幕，会议传递出中央通过推进新一轮对口援疆工作加快新疆跨越式发展的信号，会议确定北京、天津、上海、广东、辽宁、深圳等19个省市承担对口支援新疆的任务。根据会议精神，19个援疆省市将建立起人才、技术、管理、资金等全方位对口援疆的有效机制，把保障和改善民生置于优先位置，着力帮助各族群众解决就业、教育、住房等基本民生问题，支持新疆特色优势产业发展。

在政策沟通板块的新闻报道中还有一小部分下对上的等级关系动词使用的例子，例：

（62）会上，国家发改委负责人汇报了长江经济带建设总体考虑和相关规划。上海、江苏、浙江、安徽、江西、湖北、湖南、四川、重庆、云南、贵州等 11 个长江经济带覆盖省（市）政府主要负责人汇报了对建设长江经济带的思考和建议。

（63）東方积极响应中方关于建设亚洲基础设施投资银行的倡议，使用海上合作基金筹办研讨活动，为中国与东盟国家共同维护区域和平稳定搭建了良好平台。

（64）如何看待各省区围绕丝绸之路经济带的规划定位？如何通过构建"丝绸之路经济带"带动能源产业转型？如何加强国际沟通与合作，共同建设"丝绸之路经济带"？对此，全国政协委员纷纷建言献策。

政策沟通板块中，例（62）中的"汇报"出现了 5 次，例（63）中的"响应"出现了 19 次，例（64）中的"建言"出现了 8 次，"献策"出现了 4 次。这些动词体现了由地位低的人或组织机构向政府或国家重要部门发出的行为动作，即下对上的等级关系动词。我们在考察过程中发现，下对上的等级关系动词出现的频率不高，远远低于上对下的等级关系动词的使用频率，这也正是说明了"一带一路"的政策制定和实施多是由国家和政府监督与执行的。

二、设施联通中等级关系动词的使用

"一带一路"合作发展的基础是设施联通，而其中的核心是"路"，由"路"的联通支撑起物流、人流、资金流和信息流的联通，从而带动起各个国家和地区人民沿"路"而行的交流与亲近。对于如何加强互联互通，习近平总书记给出了答案："我们也要促进政策、规则、标准三位一体的联通，为互联互通提供机制保障。"[①]其中，标准先行是加快推进"一带一路"道路联通中的关键因素。从 2014 年初到 2016 年底，红山网有关设施联通的新闻报道有 78 篇，总字数约 9.4 万字，下面从上对下和下对上的等级关系序列中分析等级关系动词的特点。

（65）同时，合肥还将推进电子信息、智能制造、光伏及新能源、新能源汽车、生物、新材料、公共安全、节能环保等高成长、高回报、高技术特色产业发展，培育壮大一批能够引领产业转型升级的重点企业。

---

① 此语出自习近平总书记 2017 年 5 月 14 日在"一带一路"国际合作高峰论坛开幕式上的演讲《携手推进"一带一路"建设》。

（66）经国家海关总署、财政部、税务总局、外汇管理局联合发文批准，武威在全省设立了首家保税物流中心，搭起了武威乃至甘肃及周边省区通往世界的经济贸易金桥。

（67）2013年9月16日，省政府批复同意申报武威保税物流中心。

（68）西安航空城实验区坐落在西咸新区，后者于今年1月份刚刚获批为国家级新区，国务院在批复中要求西咸新区"着力建设丝绸之路经济带重要支点"。此外，陕西省也在积极推动建设丝绸之路经济带新起点，同时西安在筹划建设丝绸之路经济带西安自贸区。

设施联通板块中，例（65）中的"培育"出现了9次，例（66）中的"批准"出现了9次，例（67）中的"批复"出现了4次，"同意"出现了2次，例（68）中的"获批"出现了2次。等级关系动词"培育"体现了上级对下级的行为动作，在新闻报道中，大多数情况下，行为主体是国家或者政府机构，行为客体多是下属一级的部门机构。"批"本身具有等级关系意义，有上对下的指令性动作，在"批复"和"批准"两个词语中体现出了上对下的回复和准许的语义特征；但是在动词"获批"中，因为有了修饰性的词素"获"，说明了这个动词是一个由外至内的方向动词。"获批"与"批复""批准"形成了鲜明的对比关系。同时，这些动词在新闻报道中出现的频次也说明，在设施联通方面，中国和"一带一路"沿线国家自上而下通力合作，实现物流通、轨道通、飞机通、管道通的愿望。"同意"这个动词本身并不具有典型的等级关系动词意义，但是在例（67）中，省政府与隐形的武威政府之间存在着上下等级关系，与武威保税物流中心没有直接的行政等级关系，这样"同意"在这个语句中的等级关系意义就凸显出来了。

（69）对此，方案明确武汉海关将给予"武汉—东盟试验航线"优先接单、优先查验、优先放行、优先制作出口关封的通关便利；武汉阳逻港提供专用码头、通道、专区堆存等服务，并将优先安排船舶靠泊、装卸货物。

（70）此外，自方案印发起之后三年为航线培育期，第一年内，政府将出资对两条航线出口航班达到合格（准点）航次标准的，每航次补贴11万元，第二年起将根据运输箱量调整补贴标准。航线经营人季度航班准班率低于 75%将受通报警告，连续两次被警告，将被取消航线经营人资格。

设施联通板块中，例（69）中的"给予"出现了 7 次，例（70）中的"通报"出现了 1 次，"警告"出现了 2 次，"取消"出现了 1 次。"给予"是一个由上至下的外向型使役类动词，说明上一级的政府部门对"一带一路"设施联通的建设发挥了积极的顶层作用。例（70）中的"通报""警告"和"取消"是一组语气渐强、权势渐重的系列动词组配，体现了上对下的严惩。

（71）自治区党委高度重视丝绸之路经济带核心区综合交通枢纽中心建设。中央新疆工作座谈会后，自治区党委对新疆交通枢纽建设做出高起点、高水平的谋划布局。

（72）中国民用航空局局长冯正霖在会上透露，"十三五"规划已将加快建设乌鲁木齐国际航空枢纽列入交通建设重点工程，中国民用航空局与自治区人民政府已审议通过了《乌鲁木齐国际航空枢纽战略规划》，致力于将乌鲁木齐打造成连接中国内地、东亚与欧洲，面向中亚、西亚地区的国际航空枢纽。

设施联通板块中，例（71）中的"重视"出现了 5 次，例（72）中的"审议"出现了 1 次。"重视"和"审议"是两个居于上位不下行的等级关系动词，充分体现了政府的威信和权势。

（73）争取 6 月底完成项目建设，7 月完成省内预验收，按照进度要求8 月完成国家四部委的联合验收。在 8 月 18 日以前，完成武威保税物流中心的封关运营。

（74）欧委会不参与为基础设施项目挑选企业的过程。我们的角色是监督基本规则的执行，比如是否遵守公共采购的规则。在投资基础设施项目时，各个企业充分竞争仍然是确保资本价值的最佳方式。

设施联通板块中，例（73）中的"验收"出现了 3 次，例（74）中的"监督"出现了 1 次。这两个等级关系动词体现出有着特殊职责职能的部门或机构对下一级的组织机构或者企业进行行业的管理和监督。

（75）9 月底，兰州海关向海关总署上报设立武威保税物流中心的请示，并会同省财政厅、省国税局和武威市政府多次赴国家有关部委进行汇报、衔接和争取。2014 年 1 月底，海关总署等四部委批准设立武威保税物流中心。

设施联通板块中，例（75）中的"汇报"出现了 2 次，"衔接"出现了 6 次，"争取"出现了 14 次。这一系列动词的行为主体是省财政厅、省国税局和武威市政府，行为客体是国家有关部委，他们的等级关系是下对上的序列，权势依次减弱。

通过对设施联通的新闻报道中等级关系动词的梳理，发现上对下等级关系动词明显多于下对上等级关系动词，说明在设施联通中政府依然发挥着权威性的引领作用。

三、贸易畅通中等级关系动词的使用

贸易畅通是"一带一路"建设的重点内容，旨在激发、释放沿线国家的合作潜力，做大做好合作"蛋糕"。贸易畅通建设主要体现在以沿线国家共同建设自由贸易网络体系为纽带，共同商建自由贸易区为平台，构建区域内各国良好的营商环境，激发释放合作潜力；优化贸易结构，促进贸易平衡，促进沿线国家和地区产业互补、互动与互助；共同探索新的开放开发之路，形成互利共赢、多元平衡、安全高效的开放型经济体系。从 2014 年初到 2016 年底，红山网有关贸易畅通的新闻报道有 66 篇，总字数约 6.3 万字，下面从上对下和下对上的等级关系序列中分析等级关系动词的特点。

（76）他（中国国际贸易促进委员会新任会长姜增伟）表示，中国政府在 2001 年确定了"走出去"战略，鼓励中国企业赴海外投资经营，这一战略在过去十多年间取得了显著成果。随着中国经济国际化程度的提高，中国对外投资还有很大增长空间。

（77）这些企业大部分在有色、电力、基建、机械加工等产业，实力雄厚，完全具备到"一带一路"沿线国家开拓市场的能力。随着"一带一路"建设的推进，洛阳市委、市政府将提供优质服务，全力帮助洛阳中小企业"走出去"，做大做强。

（78）同时，通过"走出去""请进来"的方式，推荐甘肃名中医赴相关国家讲学，支持甘肃中医药院校、科研机构、药械生产企业加强与丝绸之路经济带国家开展中医药科研合作，吸引留学生来甘肃接受中长期专业培训和中医药本科、研究生学历教育。

贸易畅通板块中，例（76）中的"鼓励"出现了 5 次，例（77）中的"提供"出现了 33 次，"帮助"出现了 10 次，例（78）中的"推荐"出现了 4 次，"支持"出现了 22 次，"吸引"出现了 11 次。可以看得出来，这些体现了政府为贸易畅通提供便利政策时使用的上对下的等级关系动词出现的频率较高，说明政府行为在贸易畅通中起着举足轻重的作用。

（79）在 E 贸易服务大厅，习近平同窗口工作人员一一握手，察看了中心报关、仓储、货物配货、分拨、过关查验等业务流程，了解郑州市跨境贸易电子商务服务试点项目开展情况。

（80）推进 21 世纪海上丝绸之路建设，应处理好政府与市场的关系。因为很多大型互联互通项目目前暂时见不到直接的商业收益，这就需要由政府打前站。但如果仅仅有政府主导，企业不跟进或见不到收益，那也肯定不可持续。

（81）第二，各自为政。因为政府对专列有补贴，几个城市都在争起点、争节点、争专列。但即便开了专列，火车也装不满。靠政府补贴造势，这不是市场运行的方式，一旦政府补贴取消了，怎么办？

（82）2014 年 3 月，在国务院发布《国务院关于推进文化创意和设计服务与相关产业融合发展的若干意见》和《国务院关于加快发展对外文化贸易的意见》后，文化厅代自治区人民政府起草了《贯彻落实〈国务院关于推进文化创意和设计服务与相关产业融合发展的若干意见〉的实施意见》和《贯彻落实〈国务院关于加快发展对外文化贸易的意见〉的实施意见》，经多次征求并融合了自治区党委宣传部、发改委、经信委等 23 个有关委、办、厅、局的意见建议后，于 2015 年 5 月 11 日发布实施。

（83）2011 年至 2014 年分三批评选命名了新疆普拉纳广告公司和新疆七坊街创意产业投资有限公司等全疆 76 家文化企业为新疆维吾尔自治区文化产业示范基地。

贸易畅通板块中，例（79）中的"察看"出现了 1 次，例（80）中的"主导"出现了 8 次，例（81）中的"补贴"出现了 3 次，例（82）中的"发布"出现了 9 次，例（83）中的"评选"出现了 3 次。"察看"是由国家领导人习近平总书记发出的行为动作，动词的行为主体多是具有行政职务的地位较高的人。例（80）—（83）中的"主导""补贴""发布"和"评选"

行为动作的主体均是具有行政权力的政府机构和组织，由上对下发挥着政府组织机构的作用。

我们发现，在贸易畅通这个板块中，体现上对下行为动作的等级关系动词明显多于下对上的等级关系动词，从数量上占据优势，说明在"一带一路"贸易合作与发展中，政府的主导力量是不容忽视的，政府间的合作与各级政府的协调配合，方可使贸易活动得以顺畅推进。

四、资金融通中等级关系动词的使用

推动"一带一路"金融合作，是一盘很大的棋。金融合作的首要目标必定是实现人民币在沿线国家的广泛使用，以此为基础，在条件成熟时，推动人民币国际化。截至目前，我国已经与沿线国家签署了双边本币互换协议，人民币也为大部分国家所认可，在周边国家对华贸易中已广泛使用，人民币国际化有了一定的基础。中国政府需要做的就是进一步推行人民币国际化的配套改革措施，加快国内金融改革，为境外人民币提供有效的投资渠道。从 2014 年初到 2016 年底，红山网有关货币流通的新闻报道有 31 篇，总字数约 5.1 万字，下面从上对下和下对上的等级关系序列中分析等级关系动词的特点。

（84）当得知国际边境合作中心准备成立的消息，建行总分行立即启动相关工作，新疆分行成立了合作中心支行筹备协调小组，既负责网点建设、开业，又谋划业务开展；同时总行在内部审批和政策支持上也给予了"特殊待遇"，一路绿灯，力争在同业中率先开业，抢占业务先机。

（85）据中证网 9 月 10 日报道，为了推进 21 世纪海上丝绸之路建设，相关部门正在指导筹建海上丝绸之路银行，为海上丝绸之路相关项目提供金融支持。

（86）为此，建行曾多次安排部门负责人及专家远赴乌鲁木齐及霍尔果斯实地调研，与人民银行、合作中心举办座谈会，提出对策和思路，积极解决实际问题。

在资金融通板块中，例（84）中的"筹备"出现了 1 次，例（85）中的"筹建"出现了 2 次，例（86）中的"安排"出现了 11 次，这 3 个动词均是上对下的等级关系动词。在资金融通中，金融部门和机构起着重要的作用。"一带一路"建设需要上千亿甚至上万亿美元的资金，任何一国都无力承担这样的巨额费用，只能通过市场运作来筹集资金。同时，要充分发挥丝路基金的作用，丝路基金、金砖银行、亚投行三大投资主体投资的项目将在未来的一段时间内陆续落地。

（87）外部性就是国家投资的事，我先污染，补贴是你的事。如果是公共品，那就不能这么做。

（88）从 2014 年起，新疆每年为两个经济开发区各安排补助资金 5000 万元，以支持两个经济开发区基础设施建设；全额留存两个经济开发区 2012 年至 2021 年十年内的地方财政收入（包括地方税收）；在加强产业集聚政策方面，鼓励援疆省市引进产业项目；在经济指标、财政收入等方面与其对口受援地、县分享成果。

（89）位于义乌西站大道 800 号的义乌铁路海关监管场所日前正式通过海关审核验收。8 月 13 日，一辆满载着各类日用商品的 81018 号"义新欧"铁路专列驶出刚刚通过验收的义乌铁路海关监管场所，开始了长达万余公里、历时十多天的长途旅行。

在资金融通板块中，例（87）中的"补贴"出现了 2 次，例（88）中的"补助"出现了 2 次，"支持"出现了 38 次，"鼓励"出现了 8 次，例（89）中的"审核"出现了 2 次，"验收"出现了 3 次。这 6 个动词均是上对下的等级关系动词，属于外向型的行为动作，说明在资金融通中，金融机构和政府部门通力合作，不仅在国内扶持贸易区和经济区的建立，同时更加注重"一带一路"沿线国家资金融通的畅通程度。

（90）中非发展基金总裁石纪杨在论坛上说："我们不能让一个国家来操控全球金融市场评级体系。我们需要建立包括广大发展中国家、发达国家在内的，有广泛代表性的评价体系。"

（91）中信银行 6 月底联合中信证券、中信建投等中信集团多家下属公司，宣布将投融资 7000 多亿元助力"一带一路"建设。

在资金融通板块中，例（90）中的"操控"出现了 1 次，例（91）中的"助力"出现了 2 次。例（90）中的"一个国家"暗指美国，因此"操控"这个动词的行为主体和客体均是生命度最高的人或由人组成的国家、机构组织，构成了上对下的等级关系序列。

（92）他（香港永隆银行董事长、招商银行原董事长马蔚华）表示，在"一带一路"沿线国家，一个是中国金融机构要进驻，必须依赖政府相关监管单位的相互配合，获取相关政策……另外，金融机构要先瞄准该地区的优势，比如能源和资源，建设若干产业基金，等等。

（93）德维尔潘认为，中国企业"走出去"将产生大量的评级需求，世界信用评级集团将借助"一带一路"，扮演非常重要的角色。

在资金融通板块中，例（92）中的"依赖"出现了 7 次，例（93）中的"借助"出现了 4 次。这两个动词是下对上的等级关系动词。"依赖"所体现出的行为主体是处于弱势地位的机构，行为客体是处于强势地位的政府部门，以弱势"依赖"强势，即下对上的不对称关系。"借助"中的词素"借"是核心词素，说明了"助"的方向性，"借"本来就属于劣势对优势的等级序列，"助"强调了这个不对称关系的存在。这说明建设"一带一路"，必定涉及大规模的投资，而投资离不开对沿线主权国家、企业和相关资产的信用评估。这意味着，在信用评估领域做文章也必须是金融合作的重要内容。

五、民心相通中的等级关系动词的使用

民心相通中的"通"是关键。首先，"通"可以增进彼此了解。我们要深入了解其他国家的方方面面，也要让国际社会全面深入了解中国。其次，在"通"的基础上有了更多的了解，进而形成好感，建立友谊，深化互信。最后，通过"通"争取对全球治理模式，特别是中方倡导的合作共赢理念形成共识，共建人类命运共同体。从 2014 年初到 2016 年底，红山网有关民心相通的新闻报道有 63 篇，总字数约 7.7 万字，下面从上对下和下对上的等级关系序列中分析其中的等级关系动词的特点。

（94）其中就特别强调了在政府主导下，"企业主体"与"社会参与"在对外文化交流中的作用。

（95）此次活动是在外交部亚洲司、文化部对外文化联络局的指导下，由广东省委宣传部、广东省人民政府新闻办公室、南方日报社、羊城晚报社和广东广播电视台联合主办的。

民心相通板块中，例（94）中的"主导"出现了 10 次，例（95）中

的"指导"出现了4次。这两个词虽然都有上对下的行为动作，但是因为含有不同的词素，所以在使用的过程中具有不同的语义特征，"主导"突出了政府的行政职权的地位和关键性，"指导"是指上级部门对下级部门的引领性行为动作，一个动词居于上位不下行，一个动词具有上对下的外向型特征。

（96）次年，汉高祖刘邦率三十万步兵迎击，被围平城白登山（今大同市东南）七天，经贿赂匈奴阏氏才得突围。

民心相通板块中，例（96）中的"率"出现了8次，此外，由"率"构成的双音节动词"率领"在"五通"各板块中出现的频率也不尽相同："率领"在"政策沟通"中出现了3次，在"贸易畅通"中没有出现，在"设施联通"中出现了2次，在"资金融通"中出现了2次，在"民心相通"中出现了2次。由此可知，在"一带一路""五通"建设中，上对下的职权、职能具有决定性作用，需要自上而下的引导和支持，方可使"一带一路"建设顺利开展下去。例（96）中有一个下对上的行为动作，即"贿赂"，多指权势等级地位低的人向权势等级地位高的人进行的一种不能公开、不合乎法律条例的行为动作。因为这里是一段对历史的描述，作为叙事性的词语出现在这里，不会影响整篇网络新闻报道的真实性和可读性。

（97）汉武帝初期，虽仍然执行前几朝"和亲"的老政策，但他清楚地认识到，强大剽悍的匈奴是汉朝最大的威胁，于是开始着手部署战略反击的各项准备。

（98）据悉，此活动是中国与土库曼斯坦建交22周年系列庆祝活动之一。28日上午，土库曼斯坦总统亲切接见张导，相谈甚欢，远远超过预定接见时间。

（99）中国与塔吉克斯坦是友好邻邦，在长期的交往中，结下了深厚的友谊，特别是两国人民之间有着友好交往的历史传统。未来，我们还要培养更多的两国友好事业的接班人，你们就是我们的未来。

民心相通板块中，例（97）中的"部署"出现了1次，例（98）中的"接见"出现了3次，例（99）中的"培养"出现了14次。民心相通的新闻报道中深刻地体现出"民"不仅仅指普通百姓，而是指所有人，既包括社会精英，如各级官员、媒体人士、专家学者、企业家，也包括普通民众，人人都是友谊的传播者。精英在民心相通中起先导作用，广大民众是后盾。就"一带一路"建设而言，社会精英对中国倡议最先了解，最先反应，是合作的规划者和执行者。民心相通第一步是与各国社会精英的沟通，然后自上而下传导至普通百姓。在普通人理解和受益后，会形成自下而上的社会支持力量。

（100）1405 年，中国明代航海家三宝太监（郑和小名三宝，又作三保）郑和奉旨率船队出使"西洋"，途经三宝垄，带去瓷器、丝绸、金银和铜铁器换取当地特产，与印度尼西亚人开展和平贸易和友好交往。

（101）这座前后五进的庙宇名为三宝庙，也叫郑和庙，是当地华人为纪念郑和于 1673 年建成的典型中式建筑。据说，为了保证寺庙建筑的正宗，所有砖瓦建材全部采自中国。

民心相通板块中，例（100）中的"奉旨"出现了 1 次，例（101）中的"纪念"出现了 7 次。红山网"民心相通"的网络新闻报道多以历史事件、现代叙事方式阐述民心相通即是人心相通。但民心相通并非空洞的概念，它体现在每份文件、每次交往、每声问候之中。其载体绝不只是"高、大、上"的官方活动、体现人道主义关怀的灾害救助，更包括一次普通的个人旅行、一声简短的问候。民心相通融于交往中的点点滴滴。

第四节　小结

随着科学技术的日新月异，媒体始终在不断发展、变革，从纸质、声音、图像直到当今无处不在的网络，每一个新媒介的出现，都伴随着媒体语言的变化与丰富。在媒体活动中，信息需求是信息消费的四个基本阶段之一，信息消费过程包括信息需求、信息获取、信息处理和信息创造四个阶段。如今，媒体交际已无处不在，媒体语言作为媒体交际的基本工具，其强大功能更是日益凸显。同时，媒体语言又在润物细无声地向人们的日常语言中渗透，无形中影响着整个语言系统的发展与变化。在信息社会中，媒体语言已经成为语言存在的基本方式之一。媒体语言的发展受一系列因素制约，其中既有语言本身的因素，也有信息技术因素及社会文化因素。

　　乌鲁木齐是"丝绸之路经济带"核心区的首府城市，红山网是乌鲁木齐的综合门户网站，时时报道有关"一带一路"的新闻动态，具有地方特色和权威性。我们对"五通"五个板块的新闻报道逐一分析了其标题中的等级关系动词的特点，发现受到语言经济原则的影响，新闻标题中会使用单音节的等级关系动词，如"助""借"等。标题的制作有两点目的：一方面是方便读者，另一方面是引人注意。方便读者，就是使读者在短时间内掌握新闻的要点和重点，所以新闻的标题应该是新闻的浓缩，以少数简明之字，叙述其中重要之事实，使读者通过阅读标题，即可知全世界大事之纲要。

第八章
汉语国际传播中的
互动交际理论应用

　　在日常生活的语言交流中，人们总是试图相互传递某种信息。通过交际，人们交流信息，建立感情，调节关系，解决矛盾。然而，随着社会交往越发频繁，人们发现语言不仅仅是传递信息的工具，更重要的是调节人际关系和实现交际目的的手段与资源，以之建构多维度的社会关系，促进人类社会的不断发展。在经济迅猛增长、科技快速发展、各国交往日益深入的背景下，语言国际传播的功能越发凸显出来。其中汉语国际传播的形态、方式以及特点随国家话语的建构以及孔子学院、孔子课堂在全球的快速设立而受到人们的特别关注。国家"一带一路"倡议的提出，又将汉语国际传播的问题推至学术的前沿。就当前时代发展而言，从早期的对外汉语教学，到汉语国际推广，再到汉语国际传播，语言传播观念正经历着深刻的转变。

　　卢德平（2016）认为，需要把汉语传播作为一种系统和过程，以"语言扩散"和"语言交际"作为汉语传播的两种形态或方式，从宏观、中观、微观三个层次解释汉语传播的内在规律。宏观层次的汉语传播主要包括对中国文化和历史的宣传；中观层次的汉语传播主要表现为地理空间、社会空间、职场空间三个主要语言场域；微观层次的汉语传播主要体现为个体语言学习者的日常汉语交际实践。与宏观层次的汉语传播特点不同的是，中观和微观层次的汉语传播更多体现了"语言交际"意义上的汉语传播规律。本章主要从文化语境、情景语境和词汇教学语境三个方面来阐释汉语传播中的三个层次。

第一节　文化语境中的互动交际

一、上对下的等级互动交际

　　文化是一个国家和民族身份的象征，因其独特性和传承性产生了持久的吸引力和影响力，构成了国家软实力的核心要素，而语言是文化得以构建和传承的重要载体。美国学者塞缪尔·亨廷顿曾说："任何文化或文明的主要因素都是语言和宗教。"法国著名思想家罗兰·巴特也曾指出:"无论从哪方面看,文化都离不开语言。"文化和语言密不可分,语言记录着文化,也创造着文化。一个国家的语言在世界各国语言中所占有的重要性决定了一个国家的文化软实力。具体到中国,其文化软实力的提升,首先需要增强汉语的国际传播力,因为汉语国际传播既是构建中国文化软实力的重要内容,也是提升中国文化软实力的重要手段。

在互动交际中,话语构建既受到语言规则的制约,也会受到文化规则,尤其是精神文化规则的制约。精神文化与物质文化、制度文化共同构成文化的三个层面。"精神文化作为人类观念形态,是人类精神生产的全部成果,是对客观世界的反映……哲学、科学、伦理、道德、教育、法律、风俗习惯、宗教、文学和艺术等,均属于精神文化的范畴。"(张公瑾 等,2004)苏联学者列维·谢苗诺维奇·维果斯基说:"言语是人类意识的缩影。"(苏新春,2006)张公瑾、丁石庆(2004)指出,精神文化一旦定型之后,就构成人们的思维定势和行为导向。话语构建被视为一种言语行为,势必会受到精神文化造成的"思维定势和行为导向"的规约影响以及指引,进而形成不同文化语境的话语构建。文化语境对话语构建的行为的影响主要表现在对于交际内容、交际精神、交际旨归和交际风格等方面的牵引、控摄和建构上,文化语境虽然有一定的运作方式,却不同于语法模式,后者往往具有较明显的语法形式特征,即语法单位组合规则上的形式特征。文化语境的运作方式往往没有特定的语言组合规则,没有特定的形式特征,但是有时可能出现某种弱势语义组合特征。汉语话语构建的文化语境具有多种多样的模式,江结宝(2010)将这些模式细分为:崇权模式、差序模式、具象模式、辩证模式、自谦模式、均衡模式、孝亲忠君模式和男尊女卑模式等。一种模式总会体现精神文化的某个方面,例如崇权模式体现"崇权"观念,差序模式体现人际关系的"差序格局",具象模式体现思维的直觉和具象特征,均衡模式体现追求和谐的意识,等等。

(1)李莲英:戏让你们演成这样,扫了老佛爷的兴,该当何罪啊?

掌案:奴才教导得不严,奴才知罪了。求老佛爷饶恕我!老佛爷责备的是,奴才本事有限,远远比不上黑牡丹。

慈禧:我不是强求你们都有黑牡丹的天分,可你们连"勤能补拙"这四个字都做不到，还有脸上台，不丢人吗？

掌案：平时奴才也督促他们勤练来着，奴才只是没料到，今儿个老佛爷会突然想听这出《四杰村》。

慈禧：全戏班罚俸禄三个月。

（电视剧《苍穹之昴》对白）

例（1）这段电视剧中摘选的片段里出现人物形象有：慈禧（皇太后）、李莲英、掌案太监。人物的话语交际中体现出了说话人和听话人以及第三方之间的社会地位与角色的差异。掌案太监是地位偏低的角色，在这个场景中，他虽与慈禧对话，但是他的言外之意中还突出了第三方听话人的地位，他使用了"教导""督促"两个动词，可以推断出掌案太监与第三方听话人（戏班里的演员们）之间存在着上下等级关系，即掌案太监地位高于戏班里演员们的地位，演员们受掌案太监的管教和监督。在这段对话中我们可以察觉出交际四方的权势地位的差异依次为：戏班成员（隐形角色）＜掌案太监＜李莲英＜慈禧，慈禧的权威性和强权势是不可辨驳的，慈禧使用"罚"，虽然是个单音节的词，但是足以反映她在皇宫里的最高权势。

通过词语在互动交际中的使用可以发现，在话语构建时，总是将"权势对象"——握有权柄、具有权势、享有权威的对象摆到首要的位置，向这类对象表达崇敬、恭维的态度，维护这类对象的威严和面子，等等，体现了话语主体的崇权观念。崇权模式话语在我们日常生活的交际中出现频率较高，可以出现于任何语体，足以体现上对下、权势高的人对权势低的人的话语选择。

二、下对上的等级互动交际

马林诺夫斯基（1923）（Teun.van Dijk，2009）曾指出，"词语的定义在某种程度上取决于其文化语境"，也就是说文化语境决定着词语的含义和使用的场合。（桂诗春 等，1997）在文化传播的过程中，中国的文化元素可以以多元的方式展示于世界的舞台，如文学作品、影视作品、节日庆典、民间习俗等所蕴含的中国文化的素材都可以作为汉语国际传播的手段。影视作品是文化的缩影和体现，无论是情节的发展，还是剧中人物关系的跌宕起伏，每一个细节都蕴含着中国文化的深厚底蕴，汉语学习者可以通过影视作品，更多地了解中国社会和历史文化，甚至更专业的文化知识。

（2）皇帝：皇太后，儿臣恳请皇太后饶他一条性命。

慈禧：你身为九五之尊的皇帝，却要为一个太监求情。

杨喜祯：蒙圣母皇太后赏赐观戏，叩谢龙恩。

慈禧：杨喜祯，当年选你做皇帝的师傅，就因为人人都说你品格清高，正直无私，果然你教出个好学生，皇帝慈悲宽厚，在大庭广众之下为一个卑微的太监求情，连我这个做额娘的，也不禁要佩服我儿子的胸襟，说得不错，不愧是帝师啊，连我也一块受教了。

杨喜祯：臣正有一事想启奏圣母皇太后。太后圣明，臣此时上奏实属冒撞。

皇帝：师傅，朕一定要做一个中兴之主，绝不辜负你的一片苦心。

（电视剧《苍穹之昴》对白）

光绪皇帝使用了"恳请"这个下对上的等级关系动词，可以说明，除了类似大家庭中的母亲与儿子之间的长幼辈分之别的差异，宫中森严的等级尊卑的关系严格地划分出皇帝和慈禧之间的上下等级，光绪皇帝虽然贵为九五之尊，但是与一直垂帘听政的慈禧相比，地位要略低一筹，因此光绪帝使用"恳请"一词，足以见得皇帝自下而上对慈禧的畏惧和尊敬。杨喜祯和慈禧的对话中，也可以从两个层次进行分析：第一，杨喜祯使用"赏赐""启奏""冒撞"三个含有明显等级关系的词语，说明他虽贵为帝师，但是等级关系不可变动，对皇帝和慈禧的敬畏是丝毫不可懈怠的，否则就会有杀身之祸。第二，慈禧使用了"受教""教"两个表示师生之间下对上的等级关系动词，从影片中我们知道杨喜祯在知识和涵养上高于其他人，但是慈禧用"教"这个词，却不是真正要对杨喜祯表示尊敬和感激，而是带有上对下的讽刺和挖苦之义，即教导皇帝太多谦逊宽仁，失去了作为皇帝的尊严和铁腕。光绪帝和杨喜祯之间的对话中有一个动词"辜负"，体现了皇帝抛开尊贵的身份，而与杨喜祯只论师生之情，表明了对帝师的尊重和崇敬。慈禧在对话中使用"佩服"这个下对上使用的等级关系动词，在这里也有嘲讽和不满之义。

影视作品中的话语交流正是社会交往的一个缩影，体现了交际双方的社会地位和等级序列，即权势和等同关系。权势与等同是社会关系的主要形态，也是两个主要社会语境参数，因为这两个参数在很大程度上影响着词语的选择和语义的理解。在互动交际中可以学会如何通过话语结构来体现交际双方的权势关系，进而清楚地确定交际双方的角色和地位。通过对作品的文化历史背景和特定场景的分析，汉语学习者能够很快从影视作品中了解到中国文化里长幼尊卑和家长制的等级关系。

影视欣赏教学既可以使学生灵活掌握所学到的综合知识，又为学生提供了一种寓教于乐的形式，大大提升了学生的学习兴趣。首先，轻松诙谐的台词和真实的生活语境，给学习者提供了大量口语化词语，能让学生在听说训练中掌握等级关系动词使用的语境。其次，影视欣赏的内容具有话题性和开放性，能够引发学生的思考，在理解、分析、研究影片的过程中，自然而然地培养学生对汉语的语感和语言逻辑性。而且，我们拥有大量的影视资源可以运用在对外汉语教学中。

一种语言在世界范围内的传播是一个国家国际形象、世界地位和经济实力的体现，国家的文化和价值观也随着语言的传播而在全世界广泛传播（刘晓天，2012）。伴随中国文化对外传播力度的增强，国际社会对中国独特的文化魅力的认知度和接受度越来越高，并日益受到更多人的关注和应用。比如，在东方，中国的儒家思想长期以来在韩国、日本和新加坡等国备受尊崇；而在西方，富有中国文化特色的元素近年来也开始频繁地出现在好莱坞影片及欧美流行文化中，这些以现代方式展示的经久不衰的历史文化都直接证明了中国文化强大的吸引力。2012 年 10 月，中国作家莫言荣获诺贝尔文学奖，这不仅将中国文学作品的国际影响力提高到了一个新的高度，而且借助文学作品向全世界展示了中国文化的无限魅力。中国文化现在正以积极的态度影响着世界其他国家，并推动着全球文化的多元发展。语言是文化的主要载体，中国文化向世界所呈现的独特吸引力，既增强了他国人民了解中国文化的意愿，也在客观上激发了他们学习汉语的兴趣和热情，从而推动汉语国际传播的不断发展。

因此，对海外汉语学习者来说，中国不仅意味着眼前的机会，更是未来的机会。这种对"中国信心"和"中国前景"的认识，无疑会让越来越多的外国人加入到汉语学习中来。

第二节　情景语境中的互动交际

　　语用学主要是科学地对使用中的语言进行研究的学科，它研究的是特定情景中的特定话语，即不同的语言交际环境下如何理解和运用语言。对于特定话语的研究有三方面的特点：一是注重对话的双方；二是侧重语句使用的环境；三是强调语句在具体语境中产生的言外之意。

　　语境是语言赖以生存、运用和发展的环境，它制约着语言，决定着语言的命运。马林诺夫斯基曾指出，把情景语境局限于即时环境，认为"语境不但包括说出来的话，还包括脸部表情、姿势、身体活动，所有参与交谈的人和他们所处的那一部分环境"（桂诗春 等，1997）。韩礼德（1997）认为情景语境与文化语境都可以看作语言的语义潜势，是特定语言系统内部可供选择的语义范围，文本则是语义潜势的现实化。但情景语境与文化语境处于不同层级，前者是语言的整个语义潜势系统；后者是语言的特定语义潜势系统，是与特定情景类型相联系的一系列语义小系统。也就是说，文化语境具有整体性，而情景语境具有局部性。

一、上对下的等级互动交际

　　情景语境是事件发生的具体场景和实况，包括与情景有关的时间、空间，历史和现实的人和事，以及事件或话语发生时的一切现状。话语总是在一定的情景语境中进行，当上述情景出现时，就会触发话语中的语用潜势，诱发模因的复制和传播。例如，媒体揭露社会上有人拥有大量来源不清或非法所得的房产，这一社会情景语境引起人们广泛的关注，激活了人们话语中处于语用潜势的某些词语（李捷 等，2014）。

　　（3）旅长陈赓打来电话："李云龙，你小子肯定又在骂街，是不是？"
　　李云龙发作道："哪个狗娘养的打我的小报告……"
　　"你少冤枉别人，是我猜的，你给我老老实实呆着，仗有你打的，前面攻击不顺利，你们早晚要上。你听着，轮到你上时，要打不下来……"

"我把你脑袋拧下来当夜壶用!"

陈赓没好气地说:"你哪儿这么多事?快说。"

"师属炮兵营暂时由我指挥,就这点儿要求。拿不下李家坡我也用不着提着头来见你,因为那时我肯定已经躺在山坡上啦。"

"同志哥,我要你拿下李家坡,还要你活着回来,这是命令!你必须执行。"

(4)李云龙忍不住教训他几句:"你看看你这吃相,这是宴会,大家都是体面人,你也不怕丢人?"

和尚心里不服气,还嘴道:"你那吃相比俺也强不到哪儿去。"

李云龙吩咐道:"通知警卫连,加强戒备,有任何人来访或有什么异常动静都要向我报告,我倒要看看他段寨主难道有三头六臂不成?敢打老子的主意?"

(5)"报告,警卫连长常彪前来报到,请军长指示。"常彪是个身材高大的汉子,穿着一身洗得发白的军装,佩上尉军衔,显得精干利索。

(6)郑秘书对李云龙说:"军区作战部派来一个参谋做这次演习的观察员兼裁判员,连皮副司令对这次演习都感兴趣,还说他要抽时间来看看。"

一个左臂戴着黄色的裁判员袖章的少校军官立正向李云龙敬礼:"报告李军长,军区作战部少校参谋于立忠奉命向您报到。"

李云龙问:"皮副司令都说了些什么?""他说……让我一刻不停地跟着您,直到当了俘虏为止,还说有什么弄虚作假的事就拿我是问,最后他让我转告您,要是您做了俘虏,他要罚您两瓶茅台酒。"少校在将军面前显得很拘谨。

"扯淡,我李云龙能当俘虏?"李云龙开始审阅文件。

(都梁《亮剑》,解放军文艺出版社,2005)

例(3)—(6)是一部军旅小说的片段,与军事语言有关的词语使用得非常频繁。在作品的片段里可以判断出故事发生的客观场景和历史时间,以及主人公李云龙的身份和他的说话特点。这里出现了三次"报告",但是它们使用的方式都不一样。"打我的小报告"里的"报告"是名词,但是可以推断出李云龙此言是对他的上级领导说的话。因为他文化水平偏低,所以言辞较为粗俗而不拘小节。"向我报告"中的"报告"是动词,指明了一个由下而上的行为动作，即下级向李云龙汇报作战情况。第三个"报告"是动词，但此动词是军事用语中的命令式、制式化的词语，体现下级对上级的等级关系。例子中"报到""指示""奉命……报到"这些词语都在军事用语中体现了下级对上级的行为动作。而"指挥""派来""审阅""罚""教训"都是上级对下级的行为动作。

（7）这时候另一个少女的声音响了，他的妹妹淑华大声说："鸣凤，鸣凤，太太喊你去装烟！"

他便把身子一侧，让出了一条路，鸣凤马上跑出去了。

淑华从上房走出来，遇见了鸣凤，便责备地问道："你到哪儿去了？为什么喊你，你总不肯答应！"

"我给三少爷端茶来。"她垂着头回答。

"端茶也要不了这么久的时间！你又不是哑巴，为什么喊你，你总不答应？"淑华今年不过十四岁，却也装出大人的样子来责骂婢女，而且态度很自然。"快去，太太要是知道了，你又会挨骂的。"说毕她便转身向上房走回去，鸣凤一声不响地跟着她走了。

（巴金《家》，人民文学出版社，1993）

例（7）不仅仅是一部家族的特殊历史故事，更是一部描述资产阶级家庭的小说。这段对话的说话主体是淑华，听话主体是鸣凤，她们之间是主仆关系，在当时那样一个封建家长制的大家族中，主仆之间、祖孙之间、父子之间、嫡庶之间等复杂的家庭关系严格按照长幼尊卑划分人与人之间的不平等的角色。对淑华的描述使用了"责骂""责备"这样一般只有长辈对晚辈说出的话语，但淑华只是一个十四岁的女孩子，也可以模仿家长一般的样子去责难一个丫鬟。"挨骂"多是指长辈对于晚辈的一种言语行为，多数情况下可以体现出说话人和听话人之间有着一定的亲缘关系，用在这个语境中也说明了鸣凤是这个大家族中的"一员"，只不过是地位最卑微的"一员"，这个"一员"的幸福甚至生命都不能属于自己，而是受制于这个封建家庭。通过这段对话可以发现，认知语境是一种内在化了的语用知识，在互动交际中，说话者从与当前客观存在的物理环境之间的关系出发构建了一个符合自己身份和地位的认知语境，说话者不会对这一关系的识别产生误差。

二、下对上的等级互动交际

有时候，上对下的等级关系动词和下对上的等级关系动词会同时出现在言语交际中，在本节中我们并没有将它们严格地割裂开来分析，而是放在一段话语中综合分析。

（8）绮霞先放下碗走开去倒茶。周氏扶着翠环的肩头，走到床前，在那上面翘起二郎腿坐了。她刚刚坐下，看见翠环还站在她旁边，便和蔼地对她说："翠环，难为你，你回去罢，说不定你们太太要使唤你了。绮霞在这儿服侍我。……你出去告诉大少爷喊他再到这儿来。我等他。"她这样遣走了那个身材苗条的婢女。

（巴金《春》，人民文学出版社，1993）

例（8）中，周氏虽是大少爷高觉新的继母，但也是这个大家族中的一个正房太太，所以在家中有一定的话语权。"使唤""服侍"等词都是主人对家中仆人使用的特殊词汇，"遣"虽是一个单音节词，但是"遣"构成的双音节词语如"派遣""遣送"等都是表示上级对下级的言语行为的等级关系动词，这些词语的使用不断地刻画着主仆之间不平等的权势关系。而在这样的作品中，下对上的等级关系动词的使用频率就很低了，因为仆人很难成为说话的主体，也就无法构建一个与自己身份相当的语境。

（9）尽管玉亭成家以后，他老婆贺凤英那些年把少安妈欺负上一回又一回，怕老婆的玉亭连一声也不敢吭，但少安他妈不计较他。因为她从小把玉亭抚养大，心中对他有一种疼爱的感情。人常说，老嫂为母，这话可一点也不假……

（路遥《平凡的世界》，北京十月文艺出版社，2017）

例（9）中出现了三个人物形象：玉亭、贺凤英、少安妈。他们三者之间的关系可以通过"欺负""抚养""疼爱"这三个等级关系动词而得以明示。"欺负"多从优势与劣势的角度判断行为动作的发出者处于什么样的位置，可以是优势地位也可以是强势地位，都可以产生"欺负"这样的行为动作。"抚养""疼爱"是指有亲缘关系或者似亲缘关系的长辈对晚辈的一种关爱行为。例（9）中三者的地位高低，可以通过等级关系动词的使用获得诠释，因为人在认知语境的构建过程中居于核心地位，行为动作的主体和客体都具有构造的或者被构造的特征，认知语境的建构过程实际上就是行为主体通过自己的认知能力对当前物理环境加以识别，再运用已有的图式结构对过去的经验加以概括，进而被组织成有关的知识，用来引导我们的理解。在作品的情景语境中，一个图式包含很多信息，每次参与建构认知语境的信息并非一个人的全部已知信息或经验。行为主体在建构认知语境的过程中，根据相关性来选择与话语有关的知识作为语境假设，无关的知识则被忽略。"欺负"这个动词的行为主体是玉亭的老婆贺凤英，行为客体是少安妈，由动词的语义理解可知贺凤英处于强势的地位，而少安妈处于劣势的地位。"抚养""疼爱"所含有的信息量是少安妈与玉亭之间有着年龄差，而且少安妈居于长辈的地位，玉亭处于晚辈的地位，同时他们之间有类似亲缘关系的纽带。由此可知，理解词语的使用场合实际上就是对该词语的认知过程，认知过程取决于一个由环境或语境组成的变量集合，推理通常是基于全部知识库的子集完成的，从而形成了自己的语境假设。

交际的产生，基于交际双方对于问题与事件的沟通讨论需要。在沟通讨论的过程，交际双方进行信息表达、信息交换、信息吸收和反馈，这整个互动过程是沟通产生、完成并发生效用的基础（徐宪光，1995）。在交际教学过程中，有意识地设计、引导学习者之间的信息互动，是交际产生、语言能力得到应用和强化的关键。

第三节　词汇教学语境中的互动交际

文化教学不能成为汉语教学的重心，不能当作汉语教学的主流，更不能用文化技艺来冲击乃至取代汉语言文字教学。语言是文化的载体，文化通过语言而呈现。从某种意义上说，教语言与学语言必定伴随着文化，只不过是与独立传授文化的讲授课程有所区别而已。这种文化教育应该是润物细无声的，应该是耳濡目染、潜移默化的（赵金铭，2013）。这样的文化教育才能深入骨髓。一个民族、一个国家文化的传播，一定的宣传当然需要，但主要还是靠文化自身厚重的吸引力、感染力、影响力，这样才能真正实现有效的文化传播。此外，文化传播还有赖于两方面力量：一是我们每个中国人，特别是汉语教师自身的言谈举止——汉语教师就是中华文化的形象大使，就是中华文化的窗口与镜子；二是研究汉语书面语的外国学者，由他们来向自己的国人介绍中华文化，这是中华文化走向世界最有效的途径之一。

一、上对下的等级互动交际

我们的老前辈吕叔湘、季羡林、朱德熙等先生都曾强调过，首先要教给外国汉语学习者的是汉语本身。只有按照老前辈们所说的去进行教学，才能真正实现汉语和中华文化传播的目标。

首先，从文化类型的角度来看，美国人类学家霍尔曾将世界文化分为"高语境文化"和"低语境文化"，他认为东方文化属于"高语境文化"，在交际过程中依赖语境程度高，中华文化无疑属于典型的"高语境文化"。因此我们在对外汉语词汇教学中不能脱离语境。

其次，从语言习得的角度来看，语言是交际的工具，语言技能的训练比语言知识的讲授更为重要。只有在应用中才能掌握一种语言。而在整个词汇知识的建立过程中，词的用法更为重要。只有在语境中学习词汇才能真正掌握词语的用法，同时语境也会让学生产生记忆联想，从而保持长久记忆。

再次，从词义系统的角度来看，在同一语言系统内，词义具有动态性，随着词义的发展、引申，同义词、近义词、一词多义这些容易引起混淆的词越来越多。区分这些易混淆词需要依赖语言使用的环境——语境，如英语中对"丢"和"失去"的翻译都是"lose"，学生很容易混用这两个词。对这两个词的辨析只能放在具体的语境中，如"我丢了一把伞""他在一次灾难中失去了所有的亲人""他失去了一次出国的机会"。在具体语境中，我们发现"丢"和"失去"都可以带宾语，都可以带具体的宾语，但"失去"的宾语往往是贵重的东西，同时"失去"可以带抽象宾语，而"丢"不能。另外，"丢"往往是主观原因促成的，而"失去"则是客观的、难以人为控制的原因促成的。

在不同的语言系统里，概念义相同的词往往会有不同的附加意义，造成不同语言中词义的不对等甚至词义的缺失现象。如"尊敬"和"尊重"这两个词在泰语中都用一个词表示，而且在适用对象上没有区别，但是在汉语中则在适用范围和用法上有较大的区别。还有一些词在词义上没有任何差别，但是受文化心理差别的影响，在用法上有差异。如"顶嘴"一词，放在语句"你敢跟我顶嘴？"中，在讲解此词的时候，就要强调"你"和"我"地位高低的关系，"顶嘴"多指年长、权势高的人对年幼、权势低的人说出的话语，这是一个下对上的动词。那么，把它放在"昨天我和我爸爸顶嘴了""你怎么能顶嘴呢？"这些语句中，学生就能够清楚地判断"我"和"我爸爸"的不对等关系，以及"你"和隐形的行为客体之间的等级关系序列。这些词语应用中的文化心理差异，也只有在语境中才能理解并加深印象。由于不同民族文化背景和文化观念的区别，还有些词是某种文化背景下的语言所特有的，如"岁寒三友"。面对这样的词语，在教学中就必须解释其文化语境，否则留学生就会感到无所适从。这些语言现象都要求在第二语言词汇教学中利用语境来分辨和解释词义，建立"词义（词组）—句子（短文）—交际情景"这样一个动态、立体、生动的词语学习过程，使学习充满乐趣和挑战。

最后，从汉语水平考试方式来看，汉语水平考试题型的设置越来越灵活，很大一部分比例的题型考查的是词语在一定语境中的应用。如根据句意选择恰当的词语，给词语安排恰当的位置，依据一段话来推断语境，写出一篇含有给定词语的小短文，等等。可见，词汇的测试已经离不开语境的推理和判断，在语境中理解和应用词汇是汉语水平考试的主要内容。因此，培养学生结合特定语境理解词义的能力是对外汉语教学的一个重要内容。

（10）方达生：（痛苦）失望，嗯，失望，我没有想到我跑到这里，你已经变成这么随便的女人。

陈白露：（警告他）你是要教训我么？你知道，我是不喜欢听教训的。

方达生：我不是教训你。我是看不下去你这种样子。我在几千里外听见关于你种种的事情，我不相信。我不相信我从前最喜欢的人会叫人说得一个钱也不值。我来看你，我发现你在这么一个地方住着；一个单身的女人，自己住在旅馆里，交些个不三不四的朋友，这种行为简直是，放荡，堕落，——你要我怎么说呢？

　　陈白露：（立起，故意冒了火）你怎么敢当着面说我堕落！在我的屋子里，你怎么敢说对我失望！你跟我有什么关系，你敢这么教训我？

（曹禺《日出》，人民文学出版社，1994）

　　例（10）中"教训"出现了三次，一次是方达生说出的，两次是陈白露说出的。在互动交际中，陈白露很敏感地认为方达生对她的生活表现出不满、蔑视、厌烦。所以她用极具挑衅的词语和口吻试图回击和讽刺方达生，说明自己现在的一切都是牺牲了自己作为女人最可怜的东西换取到的，而根本不需要方达生的廉价的同情和干涉。

　　人们的交际活动总是在特定的社会环境、文化环境中进行的。人们的交际内容或所传递的信息，也只有凭借这些特定的语言环境，才能确定所指，排除歧义。只有结合语境去理解和表达，说话才会得体。总之，语境是提高交际效果的重要因素，语言的交际功能，也只有在特定的语境中才能实现。

二、下对上的等级互动交际

　　强势角色不仅占据道德规范的心理优势，往往同时掌握着现实利益的权力，这就使得弱势角色常常处于有求于对方的被动状态之中。常言道：穷人矮三辈，求人低三分。既然有求于人，怎敢不恭敬小心、礼貌有加？所求越大、越多、越急，就越会失去自我。礼貌语言的频繁和虚夸，不能说没有功利心的作祟（江结宝，2005）。然而，在《日出》中陈白露和方达生相比，内心有种自卑，却不得不表现得更加强势而有攻击性，因此在他们的互动交际中，表现出来的是一种错位的、虚假的权势不对等关系。

　　（11）陈白露：（很大方地）你有多少钱？

　　方达生：（没想到）我不懂你的意思。

　　陈白露：不懂？我问你养得活我么？（男人的字典没有这样的字，于是惊吓得说不出话来）咦？你不要这样看我！你说我不应该这么说话么？咦，我要人养活我。

（曹禺《日出》，人民文学出版社，1994）

　　例（11）中的"养得活"和"养活"具有特殊的言外之意，词语语力下潜藏的言外语力，能够使读者清晰地透视剧中人的心理活动。作品中的各种人物都是一个阶级的缩影，他们用面具掩护着自己，用言不由衷的话保护着自己，无论是热热闹闹的欢场，还是尔虞我诈的商界，以言行事所带来的言外之力都得到了淋漓尽致的表现。"养活"这个词语本身没有等级色彩，但是剧中的女主角说出了这个词语，就有了等级色彩，因为她以一种强权势的姿态挑衅着方达生，认为他没有钱、没有权、没有势，在那样一个物欲横流的旧社会凭什么娶她。陈白露的每一句话、每一个词语的选用都笼罩着一层感情色彩：当她全身心投入的爱情离她而去之后，她失去了对生活的希望，所以甘愿在丑恶的世界里沉沦。她热爱生活，又无比厌恶现在的日子。当方达生来看她时，其实她是满心欢喜的，但又要用一些言不由衷的话来嘲讽他、奚落他，以维护自己的尊严。

（12）方达生：（不死心）好，竹筠，我看你这两年的生活已经叫你死了一半。不过我来了，我看见你这样，我不能看你这样下去。我一定要感化你，我要——

陈白露：（忍不住笑）什么，你要感化我？

（曹禺《日出》，人民文学出版社，1994）

例（12）中的"感化"是具有等级关系的动词，在教学中应强化这个词语特殊的语义特征。"感化"通常指通过教育者对受教育者的爱、示范，或者以富有感染力的环境气氛、教育材料和教育方式，使受教育者的心灵受到鼓舞和激励，并在立场观点、道德情感和行为表现上发生转化。在例（12）中"感化"这个词具有了特殊的含义，方达生想以旧有的情感唤醒陈白露内心的悔悟和重生的念头，在他眼里，陈白露的生活放荡、堕落，具有劣势的地位，而他自己的灵魂和精神是高尚的，所以可以拯救陈白露。

在对外汉语教学中，有关等级关系动词的教学可以通过给学生列举大量的实例，把词汇的意思放入真实的情景中，让学生去体会、揣摩、理解行为动词的主体和客体之间的社会关系及各自的身份与角色，从而达到掌握生词的目的，实现课程功能的最大化。在课堂中教师可以借助语境的分析、语境的设置以及语境的移入，来辅助学生对词义的理解和应用。其特点是把所教词语放到特定的语境中，让学生通过实例、情景、背景等去体会词语所蕴含的理性意义、色彩意义和文化意义。

在社会建构主义的理论框架下，教师、学生、学习任务和语言环境四要素缺一不可。在实景课堂教学的过程中，教师与学生之间实现课堂教学效果的检验形式就是教师与学生的有效互动。在选定的课堂互动交际语境中，教师利用有效、多样的教学方式突出学习理念，实践着师生之间在传输和接受知识的过程中进行的语言理解和互动。教师和学生的互动配合使得课堂教学的效果达到最佳的状态。在教学过程中，教师将教学理念以及教学知识传达给学生，学生在和教师的课堂互动过程中反馈所学信息，提出自己对问题的看法，学生对问题的理解也能够促使教师有效地规划课堂教学。

第四节　小结

人不是语言文化被动的承载者，而是积极的参与者。尽管人们的行为或多或少遵守了社会规约、原则或期待，但它们具有不可预测性。因此人们在互动交际过程中，不同的言语行为及其所隐含的行为将直接影响到整个言语事件的组成、发展走向及其结果。换句话说，互动参与者在日常社会生活中经常需要根据情景变化对语境和实践做出一些相应的调整。互动参与者通过这些语境和实践，不断地建构或重构他们认识世界的方式和他们的社会身份。从这个意义上说，"语言能力与语言运用进入了一个辨证的关系"，二者互为资源并相互影响（林大津 等，2003）。

认知语言学强调人是通过语言的使用来感知世界、积累经验和观察事物的，那么，在特定的场合，如何选择不同的词汇与语句来表达主观情感就具有重要的作用。等级关系动词的学习过程实际上是对语言信息的理解、吸收和操练的过程，这种过程主要涉及信息加工和信息互动，语言课堂上信息的输入输出全是由教师和学生共同参与其中的双向活动来实现的，这种双向活动正是基于信息互动原理，才能产生有意义、有效果的交流，并且在交流过程中，使学习者能够习得语言形式与语言能力。

无论是在文化语境、情景语境还是词汇教学语境中，汉语交际都表现为听得见、听得懂、会应用的会话和书面表达，但从人际互动的意义上考察，其实质是一种动态、立体、互文性质的文本呈现。在人际互动意义上的汉语国际传播已经远远超越了语言符号的线性限制，成为包括交际过程中参与者的对视和接触、交际场合的社会文化参照、交际双方的社会地位和身份角色、交流内容的主题设置以及交流节奏的控制等要素在内的一种多维度的文本。

参考文献

北京大学中文系现代汉语教研室，2003. 现代汉语专题教程[M]. 北京：北京大学出版社.

陈松岑，1984. 北京城区两代人对上一辈非亲属使用亲属称谓的变化[J]. 语文研究：2.

陈松岑，1989. 礼貌语言[M]. 北京：商务印书馆：6-10.

陈章太，1988. 语言变异与社会及社会心理[J]. 厦门大学学报（哲学社会科学版）：1.

丁信善，1999. 试论拉波夫的社会语言学观及其方法论[J]. 外国语：2.

段业辉，1999. 新闻语言学[M]. 南京：江苏教育出版社：40-55.

范晓，1991. 动词的"价"分类[J]. 语法研究和探索（五）. 北京：语文出版社：153-154.

高名凯，石安石，1963. 语言学概论[M]. 北京：中华书局：23-26.

顾曰国，1992. 礼貌、语用和文化[J]. 外语教学与研究：4.

桂诗春，宁春岩，1997. 语言学方法论[M]. 北京：外语教学与研究出版社：9.

郭伏良，2001. 新中国成立以来汉语词汇发展变化研究[M]. 保定：河北大学出版社：25-38.

郭力，2011. 授受动词与汉语"给""得到"的视点差异[J]. 辽宁教育行政学院学报：3.

郭婷婷，2010. 中国社会阶级、阶层问题探析[J]. 怀化学院学报：9.

郭熙，1999. 中国社会语言学[M]. 南京：南京大学出版社：161-170.

何勤华，1992. 中国古代等级法观念的渊源及其流变：兼评西方法的等级观和平等观[J]. 法学：9.

何自然，冉永平，2009. 新编语用学概论[M]. 北京：北京大学出版社：107-113.

胡裕树，1981. 现代汉语[M]. 上海：上海教育出版社：249-255.

胡裕树，范晓，1995. 动词研究[M]. 开封：河南大学出版社：5-7.

江结宝，2005. 权势关系中弱势角色的礼貌语言特点初探[J]. 语言文字应用：11.

江结宝，2007. 言语交际论稿[M]. 北京：线装书局：276-278.

江结宝，2010. 汉语话语构建的崇权文化模式[J]. 安庆师范大学学报（社会科学版）：1.

蒋可心，2001. 对外汉语教学法研究[M]. 哈尔滨：黑龙江教育出版社：122.

杰弗里·N. 利奇，1987. 语义学[M]. 李瑞华，王彤福，杨自俭，穆国豪，译. 上海：上海外语教育出版社：132-136.

赖良涛，2009. 语言与权势构建[J]. 外国语言文学：3.

李德俊，2015. 论汉语国际传播与中国文化软实力的构建[J]. 理论月刊：5.

李捷、何自然，2014. 语言模因的主体性和语境性[J]. 外语学刊：2.

李金英，2007a. 试析广告中权势关系[J]. 石家庄经济学院学报：6.

李金英，2007b. 浅析广告中人物的权势效应[J]. 市场经纬：13.

李茹，刘雪芹，2006. 权势与亲疏在话语中的体现形式[J]. 广西民族大学学报（哲学社会科学版）：5.

李宇明，1999. 空间在世界认知中的地位：语言与认知关系的考察[J]. 湖北大学学报：5.

李宇明，2015.“一带一路”需要语言铺路[N]. 人民日报：2015-09-22.

李宇明，周建民，2004.“领域语言研究”开栏引言[J]. 江汉大学学报（人文科学版）：2.

林大津，谢朝群，2003. 互动语言学的发展历程及其前景[J]. 现代外语：4.

林新明，2007. 外语课堂话语中的权势关系分析[J]. 教学与管理（理论版）：2.

林语堂，2012. 孔子的幽默[M]. 北京：北京联合出版社：12.

刘丹青，2010. 汉语是一种动词型语言：试说动词型语言和名词型语言的类型差异[J]. 世界汉语教学：1.

刘芳，2003. 医生患者对话中的对称和不对称分析[D]. 对外经济贸易大学.

刘铭，1985. 对外汉语教学的词汇处理问题[C]. 第一届国际汉语教学讨论会论文选.

刘书祥，2009. 浅议职业社会地位在称谓中的体现[J]. 大学英语（学术版）：2.

刘颂浩，1999. 阅读课上的词汇训练[J]. 世界汉语教学：4.

刘晓萍，2008. 跨文化商务交际：英文版[M]. 天津：南开大学出版社：84-85.

刘晓天，2012. 提升语言软实力，推动汉语国际传播[N]. 光明日报：2012-02-13.

刘珣，2000. 对外汉语教育学引论[M]. 北京：北京语言文化大学出版社：45-48.

刘珣，2014."结构—功能—文化相结合"的汉语教学理念再思考[J]. 国际汉语教学研究：2.

卢德平，2016. 汉语国际传播的理论纬度[J]. 语言战略研究：4.

陆俭明，2013. 汉语国际传播中的几个问题[J]. 华文教学与研究：3.

罗杰·布朗，阿伯特·吉尔曼，1985. 表示权势与同等关系的代词[C]//祝畹瑾. 社会语言学译文集. 北京：北京大学出版社：170-198.

罗纳德·斯考伦，苏珊·王·斯考伦，2001. 跨文化交际：话语分析法[M]. 施家炜，译. 北京：社会科学文献出版社：52-54.

吕叔湘，1987."句型和动词学术讨论会"开幕词. 句型和动词[M]. 北京：语文出版社：1-3.

吕叔湘，2014. 中国文法要略[M]. 北京：商务印书馆：72-74.

马清华，2001. 动物观念的实现方式与普遍性问题[C]//马清华. 句法语义论集. 长春：吉林人民出版社.

马庆株，1995. 指称义动词和陈述义名词[C]//中国语文杂志社. 语法研究和探索（七）北京：商务印书馆：142-145.

马庆株，1996. 敬辞、谦辞和詈辞[C]//南开大学《语言学论辑》编委会编. 语言学论辑（第2辑）. 北京：北京语言学院出版社：80-85.

马庆株，1997a. 指人参与者角色关系趋向与汉语动词的一些小类[C]//胡壮麟，方锁. 功能语言学在中国的进展. 北京：清华大学出版社：136-138.

马庆株，1997b. "V 来/去"与现代汉语动词的主观范畴[J]. 语文研究：3.

马庆株，2005. 自主动词和非自主动词[C]//马庆株. 汉语动词和动词性结构（一编）. 北京：北京大学出版社：22-26.

马庆株，2007. 理据性：汉语语法的特点[J]. 吉林大学社会科学学报：3.

马作武，1997. 等级社会与法律[J]. 中山大学学报（社会科学版）：A1.

倪兰，2007. 动词的方向性：有声语言与视觉语言的类型比较[J]. 语言科学：5.

彭利元，2008. 情景语境与文化语境异同考辨[J]. 四川外语学院学报：1.

邱广君，1999. 从徒手客移动词的搭配看其语义特征[J]. 东北大学学报（社会科学版）：2.

沈家煊，2001. 语言的"主观性"和"主观化"[J]. 外语教学与研究：4.

石毓智，2004. 汉语研究的类型学视野[M]. 南昌：江西教育出版社：242-245.

史磊，2007. 医患会话的研究[D]. 吉林大学.

苏新春，2006. 文化语言学教程[M].北京：外语教学与研究出版社：136.

孙常叙，1956. 汉语词汇[M]. 长春：吉林人民出版社：21-25.

孙寰，2009. 关联理论和外语阅读教学[J].黑龙江高教研究：1.

孙金华，2009. 拉波夫的语言变化观[M]. 南京：南京大学出版社：

20-40.

唐怡群，杨秀珍，2010. 从言语行为理论角度试析法庭话语中权势关系[J]. 重庆科技学院学报（社会科学版）：2.

童琳玲，2010. 电视谈话节目中的权势现象[J]. 安徽文学·下半月：4.

万志勇，2008. 权势和同等中的语言分析[J]. 南华大学学报（社会科学版）：2.

王葆华，2003. 动词的语义及论元配置[D]. 复旦大学博士论文.

王葆华，2006. 动词的词汇语义与论元表达之关系：兼谈动词意义的原型效应和家族相似性[J]. 汉语学报：1.

王德春，1997. 语言学概论[M]. 上海：上海外语教育出版社.

王国安，王小曼，2003. 汉语词语的文化透视[M]. 上海：汉语大词典出版社：46-55.

王洪轩，1987. 动词语义分类举要[J]. 河北大学学报（哲学社会科学版）：2.

王晋军，2002. 医生和病人会话中的问句与权势关系[J]. 解放军外国语学院学报：5.

王珏，2004. 汉语生命范畴初论[M]. 上海：华东师范大学出版社：35-43.

王倩，2008. 谈话节目中交际双方的权势关系与主持人话语的主位选择[J]. 内蒙古社会科学（汉文版）：9.

王晓东，2009."交费"与"缴费"[C]. 江西省语言学会2009年年会论文集.

王寅，2013. 新认知语用学：语言的认知-社会研究取向[J].外语与外语教学：1.

卫志强，1994. 称呼的类型及其语用特点[J]. 世界汉语教学：2.

吴国华，2000. 语言的社会性与语言变异[J]. 外语学刊：4.

伍谦光，1988. 语义学导论[M]. 长沙：湖南教育出版社：237-240.

夏丹，2010. 论网络聊天中的话语权势建构[J]. 三峡大学学报（人文社会科学版）：4.

肖唐金，2006. 模糊语和法庭权势之争[J]. 江西社会科学：5.

肖贤彬，2002. 对外汉语词汇教学中"语素法"的几个问题[J]. 汉语学习：6.

谢凤萍，1998. 给予动词的配价研究[J]. 安徽师大学报（人文社会科学版）：6.

邢欣，2004. 语言的社会变体及其分类[J]. 信阳师范学院学报（哲学社会科学版）：1.

邢欣，邓新，2016."一带一路"核心区语言战略构建[J]. 双语教育研究：1.

邢欣，李影，2016. 新媒体报道数据中的"一带一路"[J]. 语言政策与规划研究：2.

徐宝璜，1994. 新闻学[M]. 北京：中国人民大学出版社：22-30.

徐大明，陶红印，谢天蔚，1997. 当代社会语言学[M]. 北京：中国社会科学出版社：72-77.

徐国庆，1999. 现代汉语词汇论系统[M]. 北京：北京大学出版社：33-36.

徐宪光，1995. 试论言语交际中的信息回馈[J]. 外国语：2.

许之所，张静，2008. 权势理论与外语课堂教学策略[J]. 华中农业大学学报（社会科学版）：1.

杨惠元，2003. 强化词语教学，淡化句法教学：也谈对外汉语教学中的语法教学[J]. 语言教学与研究：1.

杨寄洲，2004. 课堂教学中怎么进行近义词语用法对比[J]. 世界汉语教学：3.

杨胜英，1988. 试论公文语言的基本特色[J]. 宁夏大学学报（人文社会科学版）：4.

叶蜚声，徐通锵，1997. 语言学纲要[M]. 北京：北京大学出版社：30-40.

殷优娜，周东群，2005. 词语的情感主观性与翻译[J]. 山东教育学院学报：1.

尤金·奈达，1985. 关于社会语言学[C]//祝畹瑾. 社会语言学译文集.

北京：北京大学出版社：17-35.

余素青，2008. 法庭言语的制度性特征分析[J]. 修辞学习：5.

郁小萍，2003. 中西方学生课堂提问对比分析[J]. 江西社会科学：5.

袁晖，2005. 语体的通用成分、专用成分和跨体成分[J]. 烟台大学学报（哲学社会科学版）：1.

袁晖，李熙宗，2005. 汉语语体概论[M]. 北京：商务印书馆：16-25.

袁毓林，1991. 祈使句式和动词的类[J]. 中国语文：1.

袁毓林，2005. 用动词的论元结构跟事件模板相匹配：一种由动词驱动的信息抽取方法[J]. 中文信息学报：5.

约翰·甘柏兹，1985. 言语共同体[C]//祝畹瑾. 社会语言学译文集. 北京：北京大学出版社：36-47.

张公瑾，丁石庆，2004. 文化语言学教程[M]. 北京：教育科学出版社：19-25.

张国宪，1997. "V 双＋N 双" 短语的理解因素[J]. 中国语文.

张海燕，2003. 医患关系的社会语言学研究[D]. 武汉理工大学.

张弘，2009. 行政职权理论范畴对中国行政法的影响与反思[J]//浙江大学公法与比较法研究所. 公法研究. 北京：商务印书馆：7.

张黎，2007. 商业汉语口语研究:现场促销语言调查与分析[M]. 北京：中国传媒大学出版社：240-246.

张庆庆，2011. 论行政权力的扩张[J]. 法制与社会：1.

张寿康，林杏光，1996. 现代汉语实词搭配词典[M]. 北京：商务印书馆.

张小平，2008. 当代汉语词汇发展变化研究[M]. 济南：齐鲁书社：131-135.

张燕生，2016. http://xj.people. com. cn/n2/2016/0201/c188514-27665697. html

张元，2000. 我国现代职业分类[J]. 教育与职业：1.

赵金铭，2013. 国际汉语教育的本质是汉语教学[J]. 汉语应用语言学研究：1.

赵元任，1956. Chinese Terms of Address, *language*：217-241.

郑欢，2005. 程式化不对等：对中国医生与病人的门诊会话分析[D].
广东外语外贸大学.

郑立华，2012. 交际与面子博弈：互动社会语言学研究[M]. 上海：上
海外语教育出版社：23-26.

陆学艺，2002. 当代中国社会阶层研究报告[M]. 北京：社会科学文献
出版社.

中国社会科学院语言研究所词典编辑室，2005. 现代汉语词典（第 7
版）[M]. 北京：商务印书馆.

周筱娟，2008. 现代汉语礼貌语言研究[M]. 北京：中国社会科学出版
社：30-36.

周祖谟，2005. 汉语词汇讲话[M]. 北京：外语教学与研究出版社：
15-17.

朱德熙，2010. 语法分析讲稿[M]. 北京：商务印书馆：113-116.

祝畹瑾，1990. 汉语称呼研究：一张社会语言学的称呼系统图[J]. 北
京大学学报（英语语言文学专刊）.

祝畹瑾，1992. 社会语言学概论[M]. 长沙：湖南教育出版社.

祝畹瑾，1994. 汉语称呼研究[C]//胡文仲. 文化与交际. 北京：外语
教学与研究出版社：271-277.

左双菊，2007. "老""旧"与同一名词匹配的区别特征及教学策略[J].
云南师范大学学报（对外汉语教学与研究版）.

BROWN and LEVISON, 1987. Politeness: Some Universals in Language
Usage[M]. 2ndedition. Cambridge: Cambridge University Press: 90-100.

BROWN, H D, 2000. Principles of Language Learning and Teaching[M].
Longman, Inc. : 49-50.

CAROL M. Scotton and Zhu Wanjin, 1983. Tongzhi in China: Language
Change and Its Conversational Consequesnces[J]. Language in Society:
477-494.

GOFFMAN E, 1967. Interaction Ritual: Essays on Face-to-Face
Behaviour[M]. New York: Garden City/Anchor Book: 70-80.

GUMPERZ, JOHN J and JENNY COOK-GUMPERZ, 1983. Language

and the Communication of Social Identity. In Gumperz, ed. Language and Social Identity[M]. Cambridge: Cambridge University Press: 1-21.

GUMPERZ, JOHN J, 1989. Engager la conversation. Introduction a la sociolinguistique interactionnelle[M]. Paris: Minuit:154-156.

HALLIDAY, M A K, 1978. Language As Social Semiotic: The Social Interpretation of Language and Meaning [M]. London: Arnold: 250-257.

HUDSON R A, 2009. Sociolinguistics (second edition)[M]. Cambridge University Press, Foreign LanguageTeaching and Research Press: 60-117.

LABOV W, 1966. The Social Stratification of English in New York City[M]. Washington, DC: Center for Applied Linguistics:40-57.

LAKOFF R, 1973. The Logic of Politeness[C]. In Claudia Corum, T. C. Smith-Stark & A.Werser (eds) Papers form the Ninth Regional Meeting of the Chicago Linguistic Society. Chicago: Chicago Linguistic Soctiey: 292-305.

LEECH GEOFFREY, 1983. Principles of Pragmatics[M]. London: Longman: 130-135.

S M ERVIN-TRIPP, 1984. 称呼的社会语言学规则[J]. 王菊泉, 译. 国外语言学（4）: 18-28.

SPERBER & WILSON, 1986. Relevance: Communication and Cognition [M]. Oxford: Blackwell: 30-45.

TEUN A, VAN DIJK, 1991. 社会认知、社会权势与社会话语[J]. 施旭摘, 译. 国外语言学（3）: 17-24.

TRUDGILL P, 1972. Sex, Covert Prestige and Linguistic Change in the Urban British English of Norwich[J]. Language in Society: 179-195.

TRUDGILL P, 1983. Sociolinguistics[M]. Harmnondsworth, Middlesex, England, Penguin Books Ltd.: 42-50.